O ANJO DA GUARDA

Solicite nosso catálogo completo, com mais de 400 títulos, onde você encontra as melhores opções do bom livro espírita: literatura infantojuvenil, contos, obras biográficas e de autoajuda, mensagens espirituais, romances, estudos doutrinários, obras básicas de Allan Kardec, e mais os esclarecedores cursos e estudos para aplicação no centro espírita – iniciação, mediunidade, reuniões mediúnicas, oratória, desobsessão, fluidos e passes.

E caso não encontre os nossos livros na livraria de sua preferência, solicite o endereço de nosso distribuidor mais próximo de você.

Edição e distribuição

EDITORA EME
Avenida Brigadeiro Faria Lima, 1080 – Vila Fátima
CEP 13360-000 – Capivari-SP
Telefones: (19) 3491-7000 | 3491-5449
Vivo (19) 9 9983-2575 ☺ | Claro (19) 9 9317-2800
vendas@editoraeme.com.br – www.editoraeme.com.br

Ricardo Orestes Forni

O Anjo da Guarda

Romance espírita

Capivari-SP
– 2022 –

© 2015 Ricardo Orestes Forni

Os direitos autorais desta obra foram cedidos pelo(a) autor(a) para a Editora EME, o que propicia a venda dos livros com preços mais acessíveis e a manutenção de campanhas com preços especiais a Clubes do Livro de todo o Brasil.

A Editora EME mantém o Centro Espírita "Mensagem de Esperança" e patrocina, junto com outras empresas, instituições de atendimento social de Capivari-SP.

3ª reimpressão – maio/2022 – de 4.401 a 5.000 exemplares

CAPA | Joyce Ferreira
DIAGRAMAÇÃO | Victor Benatti
REVISÃO | Editora EME

Ficha catalográfica

Forni, Ricardo Orestes, 1947
    O anjo da guarda / Ricardo Orestes Forni – 3ª reimp. maio 2022 – Capivari, SP: Editora EME.
    184 p.

    1ª ed. jul. 2015
    ISBN 978-85-66805-62-8

1. Romance espírita. 2. Espiritismo.
3. Proteção e assistência espiritual.
4. Morte prematura e orfandade. 5. Síndrome de Down.
I. TÍTULO.

CDD 133.9

SUMÁRIO

Os sonhos 9
Os filhos 19
Grave acontecimento 29
O desfilar dos sofrimentos 39
Tempestade e bonança 51
O homem põe e Deus dispõe 59
A adversidade 71
Na vida que continua 83
O sonho 93
Grave problema 107
A desonestidade 117
O comentário de Sílvia 125
A amargura se confirma 133
O diagnóstico 143
Diálogo com Sílvia 155

A grande viagem...165
Bibliografia...181

Amigo leitor(a):

SE VOCÊ ENTENDER em seu coração que os fatos que irão se desenrolar diante dos seus olhos não se tratam de simples coincidência, você está certo porque *existem mais coisas entre o céu e a Terra do que sonha a nossa vã filosofia...* Quantos sofrimentos não pululam em nosso planeta Terra que trazem as lições educativas que cada Espírito necessita? De tal forma que, não é incomum que encontremos coincidências no drama que o romance expõe com fatos que possamos conhecer em nossos caminhos evolutivos que se entrecruzam com outros companheiros de jornada.

O romance traz sempre o aroma do amor, e no amor podemos encontrar os desentendimentos, as frustrações, as lutas dolorosas, os reencontros e desencontros que muitas vezes fazem conexões com histórias semelhantes que possamos conhecer. Da mesma forma, o amor traz histórias de vitórias inesquecíveis que engrandecem aqueles que se reúnem através do longo caminho da estrada da evolução.

Nesse romance vamos falar sobre as várias faces do amor, e falar sobre amor é contar acontecimentos alegres e tristes porque, em verdade, enquanto ele é construído, realiza-se um movimento semelhante às ondas do mar com altos e baixos, mas que acabam sempre por beijar a praia. Até que ele se consolide como o amor de plenitude exemplificado por Jesus, esses movimentos de altos e baixos o acompanham até que sejam eliminadas todas as arestas provocadas pelo orgulho, egoísmo e vaidade do ser que por hora habita um planeta de provas e expiações. O amor de plenitude, conforme nos ensina Joanna de Ângelis, nada pede e sempre doa; não tenta modificar os outros e sempre se aprimora; não se rebela nem se decepciona, porque nada espera em retribuição; não se magoa nem se impacienta – irradia-se, qual mirífica luz que, em se expandindo, mais se potencializa.

Um amor de tal plenitude é capaz de conter segredos incapazes de serem supostos pela nossa imaginação na faixa evolutiva em que nos encontramos.

Maria Isabel e Carlos Henrique, personagens do drama vivenciam o amor enquanto encarnados e que continua após a partida de um deles, porque o amor de plenitude como nos ensina Joanna irradia-se como mirífica luz que brilha tanto na Terra como nos céus.

CAPÍTULO UM

OS SONHOS

Mendes Ribeiro:
– Divaldo, quantas vezes se tem grandes amores?
Divaldo:
Normalmente uma, quando as almas se identificam em clima de profundidade. Esses amores ou esse amor, melhor dizendo, impulsiona-nos a buscar o outro na sucessão dos milênios com avidez, e quando o encontramos, refugiamo-nos nele em plenitude. Daí a necessidade de vigiarmos o sentimento, a fim de não o confundirmos com as atrações do imediatismo carnal, equivocando-nos. O amor verdadeiro leva a um estado de plenitude espiritual que nos preenche física, emocional e psiquicamente, dando-nos uma razão de viver e uma realização interior que nada mais pode superar ou assemelhar-se.

Elucidações espíritas

O CASAL ENAMORADO conversava sentado em um banco

do jardim que ficava na frente do templo religioso que frequentavam. Roseiras floridas pincelavam diversas cores pelo ambiente aconchegante daquela noite em que a lua contemplava invejosa os jovens que trocavam planos motivados pelo amor. As estrelas bisbilhotavam de longe apagando e acendendo como testemunhas fugidias daqueles minutos onde a felicidade fizera pouso na Terra. Mãos atadas. Olhos nos olhos. Corações batendo no mesmo compasso acelerado. Mentes apartadas do mundo e mergulhadas na dimensão dos apaixonados. Era o mundo mágico dos corações que se reencontravam para a aventura que o amor proporciona quando não confundido com a paixão.

– Maria Isabel, meu amor! Parece que demorou tanto esse instante em que podemos traçar nossos planos, frutos do nosso amor.

– Somos tão felizes Carlos Henrique! Quem disse não ser possível a felicidade nesse mundo cometeu um grande engano! Somos testemunhas disso, não é Kaká? – colocou carinhosamente Maria Isabel a expressão mais terna referindo-se ao seu noivo Carlos Henrique.

– Com certeza, Bel! – correspondeu ao termo carinhoso da abreviatura do seu nome o noivo enebriado pelos planos futuros que já se abeiravam do presente e acalentados por todos os meses de espera. – Quando amamos verdadeiramente, saímos da realidade para habitar o palácio das venturas mil! A chave desse palácio é confeccionada pelo chaveiro do amor. Ah! Se os que alimentam o ódio soubessem da riqueza infinita de amar!

É bom que se esclareça que o outro termo carinhoso que Henrique utilizava para com a noiva e futura esposa era "Mabel", fusão dos nomes Maria com Isabel. Alternava as expressões "Bel" com essa última ao sabor do ritmo ditado pelo carinho em cada momento de suas convivências.

– Já estou providenciando meu vestido de noiva. Quero ser a mulher mais bonita do mundo para você no dia em que jurarmos amor eterno diante do Senhor em nosso templo religioso. Eterno não só aqui entre os homens, mas para sempre, onde quer que estivermos um dia. Neste mundo ou em qualquer outra parte para onde a eternidade de Deus nos levar um dia! – dizia plena de felicidade Maria Isabel apertando as mãos de Carlos Henrique e depositando sobre seus lábios um ardente beijo de amor.

– Isso não será possível! Nem adianta tentar! – disse gracejando o noivo.

– Não acredita na eternidade do amor entre duas criaturas?! – simulou espantar-se a jovem enamorada.

– Não! Lógico que acredito. Refiro-me a tornar-se mais bela – replicou ele com ar sério.

– Como assim Kaká?! Não acha que com um belo vestido e uma maquiagem de boa qualidade poderei ficar um pouco mais bonitinha para você, amor? – colocou fazendo charme.

– Não. Não poderá! – disse ele imperativo.

Diante do olhar de espanto da jovem, completou:

– Não poderá ficar mais bonita porque você já é desse jeito, Mabel. Sua beleza interior é ainda maior do que os seus traços podem espelhar. Não existe maquiagem humana que retoque os sentimentos interiores! Seus olhos refletem sua alma que é para mim a mais bela que encontrei em meu caminho, tanto que a escolhi para a companheira eterna. Tanto dos meus dias aqui nesse mundo como para a eternidade da vida que acreditamos continuar pelo infinito afora! Não só para os dias desse mundo, mas para sempre onde quer que a gente vá após a morte do nosso corpo. Como melhorar essa beleza interior, Maria Isabel? Nenhuma maquiagem, nenhum vestido de noiva, por mais belo que seja, irá melhorar sua imagem perante meu coração apaixonado e prisioneiro desse amor. Mas, vá sim cuidar de se embelezar para que nossos convidados possam ver um pouco da sua beleza interior através da imagem refletida em seu rosto e em seu vestido. Dessa maneira vão ficar com inveja de mim. O mais feio dos homens que conquistou a mais bela das mulheres! – disse Carlos sorrindo e mergulhado em profunda felicidade.

– E você, Carlos? Já está providenciando seu terno? Quero que minhas amigas também morram de inveja ao ver o noivo mais lindo ao meu lado no dia do nosso casamento. O terno será apenas o "envelope" que abrigará a mais bela carta de amor que não deixarei ninguém ler!

– Sim. Já estou cuidando disso, embora, no meu caso, por mais que melhore a imagem, ela será sempre essa coisinha pequena que você vê todos os dias, mas que a ama perdidamente...

– Ora, meu bem! O amor nos dá o poder de enxergar o ser amado por dentro como você mesmo descrevia há pouco. E eu o vejo muito belo! O mais lindo dos homens! Como sou feliz por encontrá-lo! Como sou grata a Deus por esse nosso encontro de almas!

Trocaram mais um beijo de intenso amor e reiniciaram a conversa.

– Quero ter seis filhos, Carlos Henrique!

– Seis?! Mas não acha muito?

– Não, não acho. Olhe. Conte nos meus dedos para que não reste nenhuma dúvida. Um, dois, três, quatro, cinco e seis. Pronto! Aí nossa família e o nosso amor estarão definitivamente completos. Nosso amor é suficientemente grande para abraçar seis corações, fruto desse mesmo amor, ou será que você duvida disso?

– Pensaremos sobre isso depois de casarmos. Na medida em que as dificuldades normais de uma vida a dois surgirem, você poderá mudar de ideia.

– Quero muito uma menina, Carlos Henrique! Não desistirei enquanto não embalar em meu colo, junto ao meu coração, uma menina fruto de nosso amor. E como eu o chamo carinhosamente de Kaká, tenho até o nome dela na cabeça: Kamila, com K, em sua homenagem. Te amo muito!

– Está vendo? Quando é o homem que deseja um menino, ele é rotulado de machista. Mas quando a mulher acalenta o sonho de uma filha que nome se deve dar?

– É que eu quero deixar alguém que tome conta de você quando eu me for. E uma filha é ideal para isso.

– Mas que conversa é essa, Maria Isabel?! Quando você se for para onde? Nem começamos e já está pensando em me largar? – colocou o noivo procurando desviar o rumo da conversa. – A verdade é que você é uma feminista intransigente que está tentando camuflar suas reais intenções para essa conversa sem sentido de me deixar. Eu jamais te darei o divórcio se é a isso que está se referindo.

– Não foi isso que eu quis dizer e você entendeu muito bem – respondeu ela com certeza inabalável. – Sinto em meu peito a sensação que retornarei antes para a Casa do Pai e uma filha iria ser a minha embaixadora aqui na Terra enquanto te aguardo no céu.

– Pois saiba que não estou gostando dessa conversa nem um pouco. Não vamos tisnar nossos momentos de felicidade com suposições cujas respostas somente Deus sabe. Por acaso você possui um calendário de nossas vidas Maria Isabel?

– Desculpe, meu bem – disse ela corrigindo-se dessa má lembrança em um momento impróprio.

– E se for menino, já tem também um nome escolhido? – indagou Carlos Henrique para voltar ao clima ameno de antes.

– Seria o nome do meu grande amor!

– E posso saber quem é esse grande amor?

– Não. Vou deixá-lo com ciúmes! Talvez um dia eu diga de quem se trata, mas por enquanto ficará na dúvida sobre a pessoa a quem amo tanto cujo nome escolhi para o nosso primeiro filho, caso seja ele homem – disse Maria Isabel sorrindo.

– E com seis filhos, terá ainda um lugar para mim em seu coração?

– Você foi o primeiro a entrar e escolher o lugar! Já é proprietário vitalício! Seu "título de proprietário" já é remido!

– Ah! Pensei que já estava expulso por falta de espaço! – arrematou ele sorrindo.

Uma brisa suave percorreu as rosas do jardim levando até o casal apaixonado o perfume discreto das roseiras floridas, ao mesmo tempo em que fazia esvoaçar os cabelos longos até os ombros e negros como a noite sem luar de Isabel.

Um abraço apertado e um longo beijo selavam a entrega entre aquelas almas apaixonadas que trocavam juras de amor eterno...

***

O QUE ENSINA O ESPIRITISMO:

Paternidade e maternidade responsáveis

Ter filhos não deve ser uma distração para as almas comprometidas com o bom-senso, para as que se aconselham com a maturidade moral, mas sim um grandioso compromisso, uma candente missão, pois que pais e mães assumem, mesmo quando não têm consciência disso, grave e bela responsabilidade perante o Sempiterno.

Com certeza não evocamos aqui o abusivo e irracional controle da natalidade, numa postura de quem não deseja filhos para fugir de qualquer forma de compromisso com o seu conduzimento. Não é bem isso. O que advogamos é uma atuação educacional que permita que os indivíduos não vejam na procriação nenhum tipo de exibição, tampouco faça do ato de gerar filhos uma via de irresponsabilidade, por entender que a sociedade lhes deverá arcar com as crias, ou por não entender coisa alguma sobre a gravidade de ser pai ou de ser mãe na Terra.

Nenhum extremo é bem-vindo nessa questão. Nem a liberação ingênua e inconsequente, nem o bloqueio de todas as possibilidades da natalidade, em função dos argumentos, sejam eles gerados no seio das opiniões das massas ou os outros gestados na frieza tecnocrata dos gabinetes.

Tanto a paternidade quanto a maternidade têm que ser responsáveis, a fim de que os filhos trazidos ao mundo pela via reencarnatória possam achar o caldo de cultura ideal, ou o mais ideal possível, para desenvolver as suas potencialidades espirituais e os genitores se felicitem por conseguir, mesmo que sob intensas lutas, nos situarem sobre os trilhos do bem, nos caminhos de Deus.

Os filhos não devem servir para expressar o *status* social dos pais nem para confirmar a masculinidade ou a feminilidade de quem quer que seja; os rebentos chegados à Terra não podem ser convertidos em armas no *front* em que muitas vezes se colocam ex-mulheres contra ex-maridos, desconsiderando ou mesmo desrespeitando o direito à proteção, ao afeto e à boa orientação que toda criança tem.

Razoável é, sem embargo, compreender que existem muitos casais que anelam por muitos filhos porque os podem manter, não só por causa dos recursos materiais, como também no indispensável acompanhamento, não permitindo que sejam relegados à própria sorte ou à ordem das coisas.

Todas as vezes que filhos forem trazidos à reencarnação sem que sua chegada tenha merecido a mínima reflexão dos seus genitores – e os espíritos virão pela necessidade evolutiva que os comprime no Invisível, não se importando ou não tendo consciência do que os aguarda –, isso poderá redundar em dispensáveis sofrimentos, em lamentáveis frustrações dos dois lados e na perda de importante oportunidade de se cooperar, de fato, com o Criador Supremo para o aformoseamento do mundo e a felicidade geral.

O ensino aliado à educação, o cuidado de si mesmo e o respeito à vida serão as grandes chaves para que se abram as portas do equilíbrio social, com alegria e paz para o nosso planeta. (Raul Teixeira, *Minha família, o mundo e eu*)

***

Direito de planejar

ME – O casal tem o direito de programar o número de filhos em sua própria casa?

Diz Allan Kardec em O Livro dos Espíritos *que o homem deve corrigir tudo aquilo que possa ser contrário à natureza. Hoje, dividem-se as opiniões, mas à frente da problemática da nossa civilização, à frente de impositivos da educação e da assistência à família, nós pessoalmente, acreditamos que o casal tem direito de pedir a Deus inspiração, de rogar a Jesus as sugestões necessárias para que não venha a cair em compromissos nos quais os cônjuges permaneçam frustrados.*

Sou filho de família numerosa. Pessoalmente sou descendente de uma família de 15 irmãos, mas, de 20 anos para cá, a vida no planeta tem sofrido muitas alterações e devemos estudar o planejamento com muito respeito à vida e consequentemente a Deus, em nossos deveres uns para com os outros, e não cairmos em qualquer calamidade por omissão ou deserção dos nossos deveres. (Chico Xavier, *Lições de sabedoria*)

18 | Ricardo Orestes Forni

***

Pílula, anticoncepcional aperfeiçoado

MN – Chico, muitos companheiros acreditam que as respostas às perguntas 693, 693ª e 694 de O Livro dos Espíritos não facultam aos espíritas a possibilidade de planejarem as suas famílias. O que você pensa a respeito?

Diz Allan Kardec, na questão 693 de O Livro dos Espíritos: "Deus concedeu ao homem sobre todos os seres vivos um poder que ele deve usar sem abusar.".

De nossa parte, cremos que o problema do planejamento familiar está afeto ao livre-arbítrio dos casais, de vez que, segundo pensamos, cada casal precisa saber o que faz, de modo que a família se forme para cooperar na realização do bem de todos e devido a todos.

Segundo os benfeitores espirituais, a ciência terrestre aperfeiçoará de tal modo os anticoncepcionais que serão eles usados sem quaisquer riscos para a saúde humana, de modo que a Terra se liberte das calamidades do aborto e a fim de que o livre-arbítrio funcione, presidindo as responsabilidades dos parceiros das relações afetivas, que precisam usar a própria consciência nos compromissos que assumam. (Chico Xavier, Lições de sabedoria)

CAPÍTULO DOIS

OS FILHOS

Trata-se de espíritos atentos, necessitados uns, preparados outros, para seguirem adiante e construírem o mundo
do futuro.

Joanna de Ângelis (Divaldo P. Franco)
Elucidações psicológicas à luz do espiritismo

– CARLOS! ESTOU GRÁVIDA! O exame confirmou! Será a nossa Kamila?

– Olha aí a feminista puxando a "sardinha para a sua
brasa"! E se for menino? Coloque o nome de Camilo,
com Cê. É um nome bonito. Qual a diferença?

– Nenhuma amor! O que Deus nos enviar será bem-
-vindo! Mesmo porque ainda terei mais cinco chances de
ter a minha menina. Lembra-se daquela noite no jardim
de nossa igreja quando conversávamos sobre os seis filhos que teríamos?

– Sabe que a admiro ainda mais quando vejo a sua disposição de ter meia dúzia de garotos?

– Errou! Meia dúzia de garotos, não. Pode até ser cinco moleques, mas pelo menos uma menininha!

– Minha admiração é devido ao fato de você não se preocupar com o seu próprio corpo, amor. Muitas mulheres rejeitam filhos pelo medo de engordarem ou ficarem mais flácidas aqui ou ali e você, não! Isso é muito digno. É muito belo. Além do fato de não se importar em ter muitos filhos e não podermos ter mais tempo para nós curtirmos a vida como pensam muitos casais. Ah! Mais outra coisa: seu pensamento é sempre para os filhos em primeiro lugar. Nunca mencionou a sua vida profissional. Isso tudo é muito nobre, Bel!

– Será como Deus permitir, Kaká. Não importo com o preço que pagarei com o meu corpo porque minha alma se sentirá imensamente grata ao Senhor da Vida que nos permite, dessa maneira, sermos a fonte dessa vida para os nossos filhos. Quanto a curtirmos nossa vida, continuaremos a nos amar da mesma forma. Até mais ainda, porque os filhos é a materialização do amor de um casal, segundo penso. Não consigo colocar minha vida profissional antes dos anjos que poderão abençoar nosso lar. O que posso fazer? Eu sinto dessa forma e agirei segundo o que penso e sinto dentro de mim.

– Ah! Isabel! O que será que fiz de bom para merecer uma esposa como você?!

Decorrido o prazo da gestação normal, nasceu o primogênito. É! Kamila teria que esperar mais um pouco, mas não fazia mal. O menino era normal e eles ainda eram jovens e teriam mais filhos. Mais cinco, lembram-se?

– É Kaká! Kamila está fazendo charme! Não poderia ter vindo primeiro? – dizia Isabel ao marido enquanto esse lhe afagava os cabelos e a beijava no rosto.

– Mulher é assim mesmo, Mabel. Faz charme até para nascer. Mas ela deve estar rondando a nossa casa com ciúmes do amor que você está dando ao irmão que chegou primeiro. Coitado! Nasceu com a cabeça toda mole e achatada em alguns lugares. Mas a enfermeira explicou que depois, tudo chega ao lugar certo. É meio feinho, você não achou?

– Ora, amor! Não desfaça do coitado! Afinal, ele é um representante do seu sexo!

– É... Mas tem tufos de cabelo num lugar e não tem em outros! Os olhos parecem querer saltar do rosto. E tem um defeito muito grave!

– Pelo amor de Deus, Carlos! Você disse que o menino era normal! – disse ela apreensiva.

– Quase normal!

– E o que ele tem de errado? Diga logo, por favor! – disse Isabel com o coração aos saltos.

– É que ele... É que ele...

– Fale logo! Está me deixando desesperada!

– Nasceu sem dentes – disse Carlos com uma gostosa gargalhada, tornando a abraçar a esposa.

– Ora! Seu chato!...

Um pouco mais de um ano e nova gravidez! E agora? Kamila estava a bordo do útero materno ou continuaria a fazer charme? Entretanto, a gravidez começou a complicar a partir dos primeiros meses. Maria Isabel foi ao médico porque estava com cólicas fortes.

– Isabel – disse-lhe – teremos que fazer uma cerclagem para você não perder o bebê.

– Cerclagem, doutor? Mas o que é isso?

– Calma! Nada complicado. O seu colo uterino, ou seja, o fim do seu útero permanece aberto conforme a criança cresce e precisa ser fechado, senão o feto escorrega para fora do útero, explicando de uma maneira mais simples. Para que possa entender melhor, lembre-se de uma pêra. O útero é parecido com ela. O que chamamos de colo uterino, corresponderia a parte mais estreita da fruta que se prende ao pé de pêra. É um procedimento tranquilo. Já realizei vários nesses anos todos como médico obstetra. Você toma uma pequena anestesia, damos um ponto no lugar correto e pronto! Quando tiver o tempo certo da gestação e a criança estiver madura para nascer, tiramos esse ponto e o nenê nasce no tempo de uma gestação normal ou bem mais próximo dela.

– Tão simples assim, doutor?! – manifestou-se a jovem mãe procurando acalmar-se.

– É. Mas, além disso, muito repouso e as medicações necessárias para evitar as contrações. Não podemos facilitar, senão você perde a criança. Você vai precisar de uma dose boa de paciência. Entretanto, posso te garantir que, mesmo assim, dará muito menos trabalho do que depois que os filhos nascem, crescem e começam a tomar suas decisões e a ouvir cada vez menos os pais. Disso você não tenha dúvida, Maria Isabel.

– Pelo amor de Deus, doutor. Já amo esse filho como se já tivesse nascido! Tudo farei para tê-lo nos meus braços! Sinto-me plenamente realizada como mãe. Só não abro mão de uma menina! Isso, não! Tenho certeza de que terei uma filha!

– Pois então, vamos à luta para segurá-lo na "fábri-

O anjo da guarda | 23

ca" pelo tempo necessário. Desse jeito vamos arrumando essa "fábrica" para que, quando for a vez da tão desejada menina, tudo esteja em ordem. Você sabe, mulher dá mais trabalho desde o início. Então os meninos vão servindo para irmos ajeitando o lugar onde a menina será produzida em uma outra vez!

Maria Isabel dirigiu-se para casa apreensiva, mas disposta a fazer o que fosse preciso. E realmente fez, mas o segundo filho parecia ter pressa para nascer. Muita cólica acompanhou a gravidez mesmo com todo o tratamento necessário. Finalmente, entre o sexto para o sétimo mês, Maria Isabel teve que ser hospitalizada devido às dores de parto muito fortes e que teimavam em não ceder. Examinada pelo obstetra, veio o diagnóstico:

– Sinto muito, Isabel, mas não é possível mais segurar a criança por mais tempo. Vou retirar os pontos da cerclagem e ele vai nascer.

– Mas, doutor! E ele vai sobreviver? – tornou a manifestar a sua preocupação.

– O risco existe, mas não comporta outra saída, Maria Isabel. Se não intervirmos, com as contrações que estão frequentes, a bolsa se romperá e a solução será a mesma. Antes que isso ocorra, programamos o parto junto com o pediatra com todos os recursos que o caso exigir. Hoje em dia a medicina evoluiu muito e os recursos garantirão que o seu filho nasça antes do tempo, mas sobreviva com saúde.

A criança, outro menino, vinha ao mundo entre o sexto e o sétimo mês de gestação e com baixo peso e dificuldades respiratórias!

– Maria Isabel! Ele é tão pequenino que quase cabe na

palma da minha mão! – dizia o marido para a esposa. – É muito estranho! Parece que é até transparente! Não tem unhas completas. Os cílios são esquisitos e quase não parece humano! Mais parece um filhote de rato.

– Exagerado! Carlos Henrique, tenha pena do coitadinho! Parece filhote de rato porque puxou ao pai! – disse ela sorrindo. – Por acaso você é muito grande para debochar do coitado que não pode sequer se defender?! E tem mais: uma criança com seis para sete meses não é tão pequena assim! É melhor você procurar um oftalmologista para conseguir enxergar melhor o seu próprio filho. Como pode um pai pequeno fazer pouco de um filho prematuro? Ainda se fosse um homem muito alto, daria bem para entender. "Cresça e apareça, papai!" – ele vai dizer para você quando souber falar – completava a esposa diante das afirmativas hilárias do marido.

– Vejam só que mãe briguenta! Já defende o filho de unhas e dentes! Mas você tem razão. Toda feiúra veio de mim. Nisso você está certa porque você é linda, meu amor! Deus está deixando a sua cópia para a nossa Kamila! Quanto ao menino que acabou de vir ao mundo com muita pressa, a enfermeira precisa virá-lo de tempos em tempos na incubadora para que ele não achate como uma massa de pão!

– É? O meu leite é retirado e dado a ele com conta-gotas! Tão pequenino e já sofrendo dessa maneira!

Não bastasse todo o cuidado que o prematuro inspirava na luta pela sobrevivência, a incubadora em que estava desligou-se por duas vezes por falta de energia naquele setor da cidade, o que exigiu intensa luta para reanimar a criança que foi submetida a uma queda acentuada da temperatura corporal. O pediatra desenvolvia todo o trabalho para ganhar a luta pela vida daquele ser tão prematuro. Contudo advertia aos pais:

– Estejam preparados para o pior durante um certo tempo. Ele nasceu mais cedo do que o esperado. Entretanto, se sobreviver a todas essas dificuldades que tem enfrentado e as que poderão vir, será um adulto muito forte pelos desafios superados. Funciona, mais ou menos assim, como um atleta que vai treinando todos os dias e superando as suas próprias marcas. Todos esses desafios vão fortalecendo-o perante a vida.

O menino contraía doenças com facilidade devido ao seu baixo peso, bem menor do que o peso de uma criança a termo. Ao completar os nove meses quando deveria estar nascendo, necessitou de uma cirurgia no abdomem. O pediatra voltou a alertar:

– O risco é grande, mas não temos opção. Será mais um desafio a vencer.

Aquela criança parecia ter nascido destinada para enfrentar as grandes dificuldades da existência. Com o correr do tempo, na medida em que avançava na idade, novos problemas foram surgindo como previra o pediatra. Mas, devido à dedicação obstinada dos pais, foi vencendo as dificuldades como o atleta treina para superar seus próprios recordes. Acabou por atingir a idade adulta como vencedor de uma maratona que cruza a linha da chegada.

O obstetra, após todos esses desafios, aconselhou ao casal:

– É melhor não terem mais filhos. O útero de Maria Isabel é incompetente para levar uma gravidez até o fi-

26 | Ricardo Orestes Forni

nal! Poderão ter que enfrentar novas batalhas como essas! Ou, até mesmo, ter o dissabor de perder o feto pelo aborto espontâneo. Mas, e Kamila, como ficava nessa advertência? Ela precisava vir e viria na decisão tomada por Maria Isabel. O marido não conseguiu contrariar a esposa que amava tanto e acabou cedendo diante do seu plano para se tornar mãe outra vez. Um ano depois do nascimento do último menino, apesar de toda a luta desenvolvida e que ainda viria pela frente, outra gravidez! A terceira! "Seria a tão sonhada Kamila dessa vez?" – perguntava-se intimamente Maria Isabel. A história do problema uterino que não conseguia "segurar" a criança até o final da gestação, se repetiu. Entretanto, a gravidez conseguiu ser levada até quase o seu final e um outro menino nasceu forte, grande, com mais de cinquenta centímetros de comprimento e mais de cinco quilos! Tudo ultrapassava a marca dos "cinco": cinquenta centímetros, cinco quilos, e por aí adiante. Para uma gestação com muitas dificuldades, "benza Deus!", como diz o ditado popular, era a frase pronunciada pelos pais e pelos seus amigos.

– Por onde andaria Kamila, meu Deus? – questionava esperançosa Maria Isabel.

Um ano e meio mais tarde, outra gravidez! Agora só podia ser ela! Não era possível ser o contrário! E nasceu a quarta criança, Kamila? Não, outro menino! Maria Isabel parecia ter uma forma masculina dessas que se preparam para montar um time de futebol.

– Carlos Henrique, eu não quero! Mande-o de volta! Essa fábrica está com defeito! Não é possível! – dizia Isabel abraçando ternamente o filho e beijando-o com muito amor. Kamila, minha filha, o que nós fizemos? Está com raiva de mim ou do papai? – colocava Maria Isabel bem-humorada.

– Não posso devolvê-lo porque é defeito na sua "fábrica", meu amor. Vai ter que aturar mais um homem em sua vida.

"Não! Não desistiria! Kamila haveria de vir. Afinal, a sua cota de seis filhos não estava completa. Só havia gasto quatro! Faltavam ainda duas oportunidades e em uma delas Kamila chegaria. Tinha certeza disso!"

***

O QUE ENSINA O ESPIRITISMO:

Testemunhos pessoais dos filhos

Por mais amem seus filhos, nenhum pai, nenhuma mãe será capaz de impedir que atravessem as suas próprias quadras de testemunhos, que sofram as suas próprias dores ou que chorem as suas próprias lágrimas.

Do mesmo modo que os genitores exultam e se emocionam quando os seus filhos, chegados à idade compatível, encontram roteiros de alegria e de bons êxitos, e se tornam criaturas vitoriosas no mundo, também são compelidos a sofrer e a chorar, quando ocorre o inverso com a vida dos seus amados herdeiros.

O mais lúcido é que todos os pais e mães, apesar de acompanharem os seus filhos inseridos em quadros dramáticos de fortes expiações, façam-se amigos, companheiros e benfeitores dos seus filhos, realizando o que esteja ao seu alcance para socorrê-los, se necessário, deixando-os, sem embargo, com toda a confiança, nas mãos do Pai Altíssimo, pois assim terão a certeza de que o desfecho de tudo será bem-aventurado, porque Deus ama muito mais do que nós os nossos filhos, que são d'Ele, primordialmente.

Evitemos pesar mais ainda sobre as dificuldades arrostadas pelos nossos rebentos, na vilegiatura humana, deixando de lado as lamúrias, as reclamações, os praguejamentos ou as mágoas. Estejamos conscientes de que Deus não comete erros e que, dessa forma, há motivos desconhecidos por nós para que nossos filhos enfrentem as suas lutas expiatórias.

Coopera com teus filhos o quanto puderes, chora ou sorri com eles, mas não te desesperes quando eles atravessarem estradas de ásperos combates ou de duros testemunhos. Antes, entrega-os ao amor divino, a fim de que a tua resignação ativa diante da luta ascensional deles se transforme na manumissão, na alforria, que os alcandorará às esferas do Cristo, experientes, amadurecidos e iluminados para uma vida de bendita utilidade.

O teu lar é como um ninho de bênçãos de amor e trabalho. Deixa que dele partam os teus rebentos para os voos exultantes em órbitas brilhantes para o encontro com o Pai Criador. (Raul Teixeira, *Minha família, o mundo e eu*)

CAPÍTULO TRÊS

GRAVE ACONTECIMENTO

Quando se crê que a enfermidade é uma desgraça, que a tudo impede, ei-la que assim se manifesta, gerando embaraços e até imobilizando o paciente. Se, no entanto, a visão é otimista e rica de resignação dinâmica, que não se submete ao seu impositivo, mas luta por superá-lo, transforma-se em experiência positiva para que os objetivos existenciais sejam alcançados.

Joanna de Ângelis (Divaldo P. Franco)
Elucidações psicológicas à luz do espiritismo

CARLOS HENRIQUE OBSERVAVA a esposa após o almoço com os quatro filhos e ainda sentada à mesa de refeição, enquanto pensava: "Amava-a da mesma forma do que quando trocara juras de amor eterno e traçara planos de felicidade no jardim do templo religioso que frequentavam naquela noite já um pouco distante. No entanto, Isabel estampava no rosto sinais de cansaço. Engraçado que, até então, não observara tal situação. Deveria estar muito cansada devido ao trabalho com as crianças." Tocou as mãos dela com as suas e perguntou carinhoso:

– Amor, você está cansada com os afazeres da casa e com as crianças?

– Um pouco, como é normal. Mas qual o motivo da pergunta agora?!

– Está com um ar de cansada, abatida mesmo. Algum outro problema?

– Não quis preocupá-lo, querido. Mas é que estou perdendo um pouco de sangue nas fezes quando vou ao banheiro.

– E há quanto tempo isso, Maria Isabel?

– Há um mês, mais ou menos.

– E por que não me disse antes?

– Não queria preocupá-lo. Achei que iria passar.

– Quem ama se preocupa com os ser amado, Mabel. Se não existe essa preocupação, não existe amor. Entenda que só estou bem quando você está bem.

– É. Mas você já cuida da nossa pequena empresa e já tem preocupações suficientes com os negócios. Não quis acrescentar mais um motivo em seus cuidados comigo e com as crianças.

– Então iremos ao médico hoje mesmo!

– Deve ser problema de hemorroidas. Muita gente perde sangue devido a essa doença.

– Pode até ser, mas iremos ao médico para confirmar o problema e tratá-lo. O que não pode é você ficar desse jeito com quatro filhos e os afazeres da casa, amor!

O anjo da guarda | 31

No mesmo dia à tarde, o casal encontrava-se diante do médico.

– Dona Maria Isabel. Toda perda sanguínea precisa ser investigada.

– Devo estar com hemorroidas doutor.

– Pode ser, mas esse diagnóstico só poderá ser feito após os exames de sangue e colonoscopia que iremos realizar. Você tem quatro filhos para criar e o maridão que necessitam muito de você, não é Carlos Henrique? Por isso, precisa estar em forma para cuidar desse bando de homens! – disse o médico com a finalidade de descontrair o ambiente tenso pela possibilidade de alguma doença mais grave.

– Cinco filhos, doutor! – disse apontando com os dedos Maria Isabel.

– Como cinco?! Não são quatro meninos? Ou está colocando o Carlos como o quinto filho? – perguntou o médico.

– Não doutor. É que ainda aguardo uma menina que teima em não vir. Mas ela virá. Tenho certeza disso. A nossa Kamila há de chegar! E olha doutor, Kamila com K em homenagem ao pai a quem chamo carinhosamente de Kaká – disse Isabel sorrindo.

– Então, mais um motivo para cuidar-se, futura mamãe!

– Mas o senhor falou em um exame que se chama colonoscopia. O que seria esse exame doutor?

– Ah! Sim! É um exame em que um aparelho percorre o seu intestino por dentro procurando o motivo desse sangramento que está apresentando, Maria Isabel. É um método seguro de investigação. Receberá uma sedação leve para não sentir dor e descobriremos a causa do seu problema para tratá-lo.

– Será necessário isso tudo, doutor? Apenas por um pouco de sangue nas fezes? Pensei que o senhor receitaria uma medicação qualquer e o problema estaria resolvido!

– Não, Maria Isabel. Não podemos correr riscos desnecessários. A investigação da causa do sangramento precisa ser realizada para o tratamento adequado. A medicina de hoje em dia com tantos recursos não permite ao médico menosprezar esses mesmos recursos na identificação de qualquer doença. Agendaremos o exame para o final dessa semana depois de preparar o seu intestino adequadamente.

– Estou ficando preocupada, doutor! Pensei que fosse algo mais simples.

– E pode ser mesmo, mas precisamos ter certeza, Maria Isabel. Quero vê-la no final dessa semana para o exame de colonoscopia. Enquanto isso vá fazendo os exames de sangue e traga junto para que eu veja os resultados. Também é necessário o preparo do seu intestino que está descrito nesse formulário que está levando. Siga as instruções e retorne no dia marcado em jejum.

– Mas, doutor! Além de hemorroidas que outras doenças poderiam levar ao sangramento que estou apresentando? – colocou a esposa de Carlos Henrique com preocupação visível.

– Maria Isabel, não sofra por antecipação. Vamos realizar os exames que são absolutamente indispensáveis. Depois conversaremos de forma segura. De que adianta levantar hipóteses sem os exames para confirmá-las ou não? Antecipar preocupações apenas faria você se pre-

O anjo da guarda | 33

ocupar ainda mais com tantos afazeres junto aos filhos e ao lar. O que não podemos é negligenciar na procura da razão do seu sangramento, sem, contudo, acrescentar preocupações que possam não se confirmar. Fique tranquila e prepare-se adequadamente para realizar todos os exames que estou solicitando. Essa deve ser a sua preocupação no momento.

Ao sair do consultório do médico, sem que Maria Isabel percebesse, Carlos Henrique fez sinal que ligaria para o facultativo para que pudessem conversar na ausência da esposa a fim de não angustiá-la ainda mais. Não queria entrar em detalhes na frente dela para não preocupá-la além do que já demonstrava estar. Passado algumas horas nesse mesmo dia da consulta, o telefone do médico tocou e o profissional da saúde atendeu:

– Doutor? É o Carlos Henrique, marido da Maria Isabel.

– Sim, Carlos Henrique. À sua disposição.

– E aí, doutor? O que o senhor acha do caso dela?

– Diagnóstico de certeza só depois dos exames, Carlos Henrique. O que posso dizer-lhe de antemão é que fiquei preocupado. Sua esposa está com anemia clinicamente detectável. Essa anemia denuncia uma perda importante de sangue. Isabel faz referência que o sangramento já vem há um mês. Mas, o que normalmente acontece, é que esse sangramento vem há mais tempo e não é percebido ou não é valorizado pelo doente.

– E a possibilidade de ser hemorroidas, doutor?

– Essa hipótese será a última a ser considerada. Não podemos deixar passar alguma doença mais grave.

– Mais grave, doutor?!

34 | Ricardo Orestes Forni

– Escute, Carlos. Como estamos nos falando em particular longe de sua esposa, vou ser franco com você: não posso descartar a possibilidade da sua mulher ter um tumor no intestino. Por isso solicitei os exames. Ela é jovem e precisamos encontrar a causa do sangramento o mais rápido possível. Quanto mais jovem a paciente, caso exista o tumor e ele seja maligno, tanto mais agressivo ele é. Por isso, se for esse o caso de Isabel, temos que agir o mais depressa possível para superar o tempo que já foi perdido.

– Meu Deus! O senhor está falando em um tumor maligno, doutor?

– Carlos Henrique, não vamos precipitar os fatos. Estou falando em hipótese. A certeza só após os exames necessários. O importante é não deixar passar nada que comprometa a vida dela.

Carlos Henrique desligou o telefone extremamente preocupado. "Não podia ser! Deus não haveria de permitir uma tragédia dessas! Tinham quatro filhos ainda pequenos para criar e eles precisavam da mãe! Mais do que do pai. E não era só isso. Ele a amava profundamente. Traçaram planos que estavam se concretizando. Sua pequena empresa estava prosperando. A situação financeira melhorando. Não! Não podia aquilo tudo estar ocorrendo. Maria Isabel era uma pessoa de coração bom. Uma mãe excelente. Esposa dedicada e amiga. Não podia ser que Deus permitisse que uma doença de tal gravidade ameaçasse a sua vida! Faria suas orações para que isso não ocorresse. Deus haveria de escutá-lo. Frequentavam o templo religioso de sua fé. Procuravam levar uma vida extremamente correta! Viviam em família unida em que todos se amavam e respeitavam-se e ao Criador da mesma forma! Por que aquilo agora, meu Deus?!" – eram os pensamentos que deslizavam muito rápidos pela mente do rapaz.

Realizado os exames, novamente vamos encontrar o casal diante do médico.

– Infelizmente as notícias não são boas, Maria Isabel. – disse o médico após analisar os laudos todos.

– Quer dizer que não se trata de hemorroidas, doutor? – colocou ela extremamente apreensiva.

– Não, Maria Isabel. Encontrei um tumor no final do seu intestino que está provocando o sangramento em suas fezes.

– Mas em tão pouco tempo assim, doutor?

– Não Isabel. O tumor vai crescendo devagar e, no início, os sinais e sintomas que ele dá são pequenos, passam despercebidos, não são valorizadas as queixas pelo doente que sempre acha que "aquilo" vai passar. Pelo tamanho do seu tumor, ele começou a surgir há, pelo menos, um ano! Não é recente.

– Mas não percebi nada a não ser há um mês mais ou menos!

– Maria Isabel, talvez você não tenha valorizado o fato diante de tantas obrigações que os filhos e o lar impõem a você. Acabamos ficando sem tempo para os nossos próprios problemas. Acontece com muitas pessoas atarefadas como você. Mas isso agora não importa. O tempo que passou temos que esquecer e atacar o presente com as atitudes corretas. Seja qual for o tempo de surgimento desse tumor, o importante é combatê-lo. Terei que operá-la, Maria Isabel. Precisamos remover o mais rápido possível o problema. Não podemos perder tempo!

– Mas, doutor, o senhor está dizendo que é... Que é...
– não conseguia completar a pergunta na esperança de que o problema não fosse aquele que estava imaginando.

– É um tumor maligno? Não posso enganá-la que isso seja possível porque o médico precisa da colaboração do paciente no tratamento Maria Isabel.

Isabel não respondeu. Apenas abaixou a cabeça e do seu rosto lágrimas silenciosas começaram a escorrer. O marido de coração opresso pelo sofrimento da esposa, abraçou-a, dizendo:

– Juntos venceremos, meu amor. Já vencemos tantas outras coisas! Lembra-se dos nossos filhos que vieram antes da data certa? Pois então! Lutaremos e venceremos juntos como sempre.

– Só o exame poderá confirmar, Maria Isabel. Entretanto, seja benigno ou maligno, precisa ser retirado porque está comprometendo a sua saúde.

– E os meus filhos? E o Carlos? Que será deles, doutor? – perguntou entre lágrimas a paciente.

O marido abraçou-a carinhosamente beijando a sua cabeça.

– Calma, Maria Isabel – colocou o marido com ternura. Estamos diante de uma batalha, mas não perdemos a guerra! Não é assim doutor?

– O seu marido tem razão, Maria Isabel. Vamos lutar e fazer de tudo para vencer. A medicina progrediu muito em conhecimento trazendo novos tratamentos, novas medicações para batalharmos em condições de vencer! O desânimo favorece terrivelmente o inimigo!

– Mas por que, meu Deus? Que fiz de mal? – exclamou ela num momento de angústia maior.

O anjo da guarda | 37

– Você é um anjo de bondade, meu bem! – socorreu o marido no grande momento de angústia da esposa. – Somos fiéis a Deus. É apenas uma maneira de darmos nosso testemunho da nossa fé n'Ele, Isabel. Nada mais! E você saberá testemunhar sua fé como já fez durante os graves problemas do nosso segundo filho![1] – O seu marido está com toda razão, Isabel. A fé é muito importante no processo de cura. O desânimo é aliado do inimigo. Mobilizem a fé que possuem e sairemos vencedores. Você verá! – reforçou o facultativo que já se afeiçoava à paciente.

Isabel aconchegou-se no regaço amigo do seu marido amado como a ave ferida à procura do acalento do ninho na hora da tempestade. "Daria seu testemunho a Deus da sua fé, através das lutas necessárias em busca da cura. Contaria, como sempre, com o Criador. Iniciaria o tratamento por mais doloroso que ele fosse. Confiava na vitória. Afinal, Kamila precisava dela para vir ao mundo! Tinha a mais absoluta certeza disso" – pensava a jovem esposa. Com esses pensamentos despediu-se do médico e saiu amparada pelo ombro amigo do companheiro amado que beijava-a na face umedecida pelas lágrimas naturais diante da notícia.

***

---

1.   Nota do autor: Carlos interpretava os acontecimentos à luz da religião que professava. Não era espírita.

O QUE ENSINA O ESPIRITISMO:

Entretanto, desde que se admita Deus, não se pode concebê-Lo sem perfeições infinitas; Ele deve ser todo poder, todo justiça, todo bondade, sem o que não seria Deus. Se Deus é soberanamente bom e justo, não pode agir por capricho, nem com parcialidade. *As vicissitudes da vida têm, pois, uma causa, e uma vez que Deus é justo, essa causa deve ser justa.* Eis do que cada um deve compenetrar-se bem. Deus colocou os homens sobre o caminho dessa causa pelos ensinamentos de Jesus e, hoje, julgando-os bastante maduros para compreendê--la, a revelou inteiramente pelo *espiritismo,* quer dizer, pela voz dos espíritos." (O Evangelho segundo o Espiritismo, capítuloV, item 3)

Entretanto, em virtude do axioma de que *todo efeito tem uma causa,* essas misérias são efeitos que devem ter uma causa e, desde que se admita um Deus justo, essa causa deve ser justa. Ora, a causa precedendo sempre o efeito, uma vez que não está na vida atual, deve ser anterior a ela, quer dizer, pertencer a uma existência precedente. Por outro lado, Deus não podendo punir pelo bem que se fez, nem pelo mal que não se fez, se somos punidos, é porque fizemos o mal; se não fizemos o mal nesta vida, o fizemos numa outra. É uma alternativa da qual é impossível escapar, e na qual a lógica diz de que lado está a justiça de Deus." (O Evangelho segundo o Espiritismo, capítulo V, item 6)

CAPÍTULO QUATRO

O DESFILAR DOS SOFRIMENTOS

As origens do sofrimento estão sempre, portanto, naquele que o padece, no recôndito do seu ser, nos painéis profundos da sua consciência.

Ao lado das origens cármicas do sofrimento, surgem as causas atuais, quando o homem o busca mediante a irresponsabilidade, a precipitação, a prevalência do egoísmo que o incita à escolha do melhor para si em detrimento do seu próximo. Esta atitude se revela em forma de emoções perturbadoras, que o aturdem na área das aspirações e se condensam em formas de aflição.

Joanna de Ângelis (Divaldo P. Franco)
Elucidações psicológicas à luz do espiritismo

ISABEL ESTAVA DEITADA no leito do hospital aguardando a hora da cirurgia. Carlos tinha as mãos da esposa entre as suas e as beijava carinhosamente.

40 | Ricardo Orestes Forni

– Tudo há de dar certo, Bel. Você está dando seu testemunho de fé em Deus com essa doença que não merece. Jesus também testemunhou o Pai através dos sofrimentos impostos pela maldade dos homens sem que ele tivesse feito alguma coisa para merecê-los. Se ele testemunhou, não poderíamos nós fugir a essa hora como faziam os antigos cristãos.

– Fico pensando nas crianças!... – murmurou ela num misto de desânimo e tristeza.

– Nós estamos aguardando a sua vitória aqui do lado de fora. Precisamos muito de você e por nós lutará bravamente, meu amor! Aliás, como tem feito sempre. Juntando nossas orações ao Pai e sua quota de sacrifício por todos nós, tudo dará certo, você verá.

– Mas todo mundo tem a sua hora! Se a minha tiver chegado! Lembra-se daquele dia em que falei que partiria antes?...

– Não. Não fale assim. Temos muito a realizar! Será que quatro filhos não são justificativa suficiente aos olhos de Deus para que Ele permita a sua cura para permanecer ao lado deles? E tem mais: ainda não completou o "time"! Não são seis filhos que você programou? Pois então! – disse o marido procurando animá-la e tirando-lhe da cabeça a sombria lembrança.

– Como saber o que Ele pensa, Carlos Henrique?!

– Pensa em nosso bem. Sempre! Somos filhos d'Ele! Você não está preocupada com as crianças? Pois então! Ele também se preocupa por nós e deseja o melhor. Apenas a chamou para o testemunho desses momentos difíceis e depois a felicidade voltará a reinar em nosso lar! Que pai deseja o mal de um único de seus filhos, Mabel?

Se não desejamos, muito menos Ele. Somente está testando a nossa fé.

– Mas Ele sabe tudo, Carlos! Não precisa me testar! Ele sabe que cremos n'Ele!

– É para você se testar perante você mesma, meu bem. Dessas lutas você sairá engrandecida diante de seus próprios olhos! Estará mais com Ele! Da mesma forma como Jesus dizia ser um com o Pai. Tudo dará certo! Eu e as crianças temos em você o nosso maior tesouro. A vida não irá roubá-la de nós. Assim deseja Deus e assim será feito! Não a perderemos para nenhuma doença por mais grave que ela seja! Não ouviu o doutor dizer que a medicina avançou muito? Ainda mais para as pessoas boas como você que merece sempre o melhor.

Envolveu a esposa entre os braços e a apertou fortemente contra o peito durante um longo minuto. Sentiu lágrimas quentes deslizando da face dela sobre seus ombros. Beijou-a na fronte. Bateram à porta.

– Como está a nossa guerreira? – era o médico que se tornara amigo e passava no quarto antes da cirurgia.

– Muito bem, doutor! Certa da vitória! – colocou prontamente o marido para levantar o ânimo da esposa e quebrar a tensão do momento que antecedia a cirurgia.

– Tudo sairá muito bem Maria Isabel. Lembre-se de não baixar a guarda. Você é a pessoa mais importante nessa luta toda! Nada poderei fazer sem a sua ajuda. Se a doença puxa a "corda" da vida de um lado, todos nós juntos, você, eu, seu marido e filhos, puxamos do outro lado e jogaremos essa enfermidade no chão. Depois é só recolher o que sobrou dela e jogar no lixo como um material imprestável.

Isabel sorriu. Um sorriso triste de quem tem a consciência de que as palavras eram geradas mais pela solidariedade daquele profissional do que pela verdade dos fatos. Aquela forte impressão íntima que carregava há tempos de que partiria antes, parecia arraigada dentro dela com inúmeros tentáculos.

– Lutaremos, doutor. Lutaremos. Pelos meus filhos. Pelo Carlos Henrique. Por mim mesma e pelo excelente profissional que o senhor é – respondeu a paciente para corresponder ao otimismo de todos.

– Já mandarei buscá-la para que a levem ao centro cirúrgico. Vamos acabar logo com essa angústia toda. Seu marido e seus filhos precisam muito de você. Vou devolvê-la a eles com saúde novamente. Depois da operação darei notícias a você, Carlos. Com Maria Isabel falarei mais tarde, depois que esteja recuperada da anestesia.

A porta se fechou. O casal voltou a se abraçar carinhosamente. A maca percorreu o espaço até o centro cirúrgico num tempo que parecia não ter fim para Isabel. As rodas batiam no chão marcando o compasso triste e angustiante do trajeto entre o quarto onde ficara a família e o ambiente estranho, frio e doloroso de um centro cirúrgico. Somente aqueles que já tiverem feito esse trajeto poderão entender toda a angústia que invadia a alma de Maria Isabel. Caminho longo, forrado de angústias geradas por um desfilar de dúvidas que se sucediam em forma de catadupas. Voltaria para o marido e para os filhos? Seria curada? Só Ele é quem poderia responder àquelas perguntas. A ela caberia dar o seu testemunho de fé n'Ele. Sempre procurara ser uma pessoa temente a Deus. Procurara errar o mínimo possível. Lembrou-se dos filhos. Lembrou-se do jardim do templo religioso onde trocaram as juras de amor eterno. Onde fizeram planos. Seis filhos! Faltavam dois. Faltava ela, Kamila! Não poderia partir ainda! Estava devendo a vida a mais dois filhos. Precisava voltar para "quitar a conta".

Algumas longas horas depois escoadas no relógio de maneira lenta e dolorosa, o médico comparecia ao quarto. Bateu na porta. Carlos correu para abri-la com o coração aos saltos.

– E então, doutor?

– A cirurgia foi tudo bem, mas...

– Mas?...

– O tumor era grande, Carlos. Infelizmente foi detectado um pouco tarde.

– O senhor está querendo dizer que...

– Que teremos uma luta muito grande, Carlos. Maria Isabel precisará realizar várias sessões de quimioterapia para darmos combate ao tumor em outras partes do corpo para onde ele pode ter se esparramado. Será um tratamento doloroso, física e moralmente.

– Mas iremos enfrentar, doutor. Tenho quatro filhos pequenos que precisam muito da mãe. Eu preciso dela. Vivemos felizes. Somos realmente uma família e a morte não pode levá-la.

– Sim. Iremos lutar. Ela vai precisar de muito apoio. De todo apoio seu e da família nessa luta. A quimioterapia maltrata muito a pessoa, mas é a única chance que temos de fazer alguma coisa a mais por ela.

– E ela será curada, doutor?

– Essa resposta só o tempo dará, Carlos. Tudo depende da situação do tumor no corpo dela e como irá res-

44 | Ricardo Orestes Forni

ponder à quimioterapia. Se será definitivamente curada é impossível dizer agora. Como já expliquei, depende de como a enfermidade se comportar perante as drogas da quimioterapia. E isso é impossível prever.

– Daremos nosso testemunho a Deus, doutor, de nossa fé. Se essa é a vontade d'Ele, nós a recebemos com resignação, muita luta e muita fé.

– Bem. A primeira batalha vencemos. Outras mais virão. Depois converso com Maria Isabel. Não vou contar detalhes a ela para não desanimá-la perante o tratamento com quimioterapia. Muitos pacientes desistem da luta pelos efeitos que as drogas produzem, além de entregarem-se ao desânimo o que diminui ainda mais a capacidade do organismo de reagir. Continue firme e forte com ela e por ela, Carlos Henrique.

– Quando será a quimioterapia, doutor?

– Mais tarde. Primeiro ela precisa se recuperar da cirurgia. Quando estiver um pouco melhor, reiniciaremos a luta dependendo do resultado dos exames que faremos.

– Ela virá ainda hoje para o quarto, doutor?

– Passarei mais tarde para vê-la. Dependendo de como estiver, talvez volte ainda hoje para junto de você. No máximo até amanhã cedo virá para o quarto para ficar perto de você e dos filhos que a animarão mais do que ficar longe e num ambiente frio e estranho. Até mais tarde, amigo.

– E pensar que ela queria mais filhos!...

– Com essa doença, nem pensar! Tire isso da cabeça dela! Agora é a vez de lutar pela vida de Maria Isabel e não pensar em gerar outra criança.

– Doutor, ela tem uma espécie de ideia fixa com esse

número de filhos. Mas parece que Kamila perdeu a vez definitivamente...

– Volto a alertá-lo, amigo. Mais filhos está fora de cogitação se queremos zelar pela saúde dela, Carlos Henrique. Camila! Mas, afinal, quem é essa pessoa, Carlos? Sua esposa falou-me dela como se fossem muito conhecidas na primeira consulta.

– Não chegou a ser uma pessoa doutor. É um sonho de Isabel desde solteira. Kamila, escrita com K como ela faz questão de frisar, era uma filha sonhada por ela. Dizia que queria me deixar uma companheira antes de partir. Parece até que estava adivinhando. Mas agora!...

– Agora Carlos, Camila com C ou com K, esqueçam! Temos hora para sonhar quando isso é possível! No momento, perante a gravidade do problema é hora de acordar e ficar atento, muito atento, para a realidade, meu amigo. A guerra será dura. As batalhas, dolorosas! Desculpe-nos, Kamila, mas creio que sua vez terá que ser adiada. Talvez para sempre!

***

Façamos uma breve pausa no drama de Carlos Henrique e Maria Isabel que trará ainda muitas lições, para refletirmos na doença que vitima o ser humano à luz da doutrina espírita. Lembramos a advertência do Espírito de Verdade, em Paris, 1860: "Espíritas! amai-vos, eis o primeiro ensinamento; instruí-vos, eis o segundo." (*O Evangelho segundo o Espiritismo*, capítulo VI, item 5). Vamos fazer isso?

A tão esperada Kamila virá ou não? O que você acha?

46 | Ricardo Orestes Forni

A enfermidade de Maria Isabel impedirá a realização desse sonho? Ela encontrará a cura física para o seu mal? Como dissemos anteriormente, Carlos Henrique interpretava a enfermidade e o sofrimento sob a ótica de sua religião. É necessário que a compreendamos conforme nos orientam os espíritos amigos.

***

O QUE ENSINA O ESPIRITISMO:

A dor que atinge o homem, via de regra pode ser dividida em dois tipos: a dor expiação quando ocorre o resgate de faltas passadas, ou a dor provação quando nos traz as lições de que temos necessidade para a nossa evolução, para adquirirmos qualidades morais que ainda não temos.

Ensina Joanna de Ângelis no livro *Elucidações psicológicas à luz do espiritismo* o seguinte:

A doença não é mais do que um sintoma de desarranjo do Espírito, em realidade o portador da mesma. À semelhança do buril agindo sobre a pedra bruta e lapidando-a, as doenças são mecanismos buriladores para a alma despertar as suas potencialidades e brilhar além do vaso orgânico que a encarcera. A doença, todavia, é resultado do desequilíbrio energético do corpo em razão da fragilidade emocional do espírito que o aciona. Os vírus, as bactérias e os demais microorganismos devastadores não são os responsáveis pela presença da doença, porquanto eles se nutrem das células que se instalam nas áreas em que a energia se debilita. Causam fraqueza física e mental, favorecendo o surgimento da doença, por falta da restauração da energia mantenedora da saúde. Os medicamentos matam os

O anjo da guarda | 47

invasores, mas não restituem o equilíbrio como se deseja, se a fonte conservadora não irradia a força que sustenta o corpo.

As causas profundas das doenças, portanto, estão no indivíduo mesmo, que se deve autoexaminar, autoconhecer-se a fim de liberar-se desse tipo de sofrimento.

Na raiz, portanto, de qualquer enfermidade encontra-se a distonia do espírito, que deixa de irradiar vibrações harmônicas, rítmicas, para descarregá-las com baixo teor e interrupções que decorrem da incapacidade geradora da Fonte de onde procedem.

Na raiz de toda doença há sempre componentes psíquicos ou espirituais, que são heranças decorrentes da lei de causa e efeito, procedentes de vidas transatas, que imprimiram nos genes os fatores propiciadores para a instalação dos distúrbios na área da saúde.

***

Fica fácil de entendermos o porquê da advertência de Jesus ao curar os enfermos do corpo: "Eis que já estás são. Não peques mais para que não te suceda o pior" (João, 5:14). Se o doente curado por Jesus, não se modificasse interiormente, moralmente, fatalmente iria cometer outros erros que teriam como consequência o retorno das enfermidades ao corpo físico como repercussão da mazelas do espírito habitante desse corpo. Muita gente que vai ao centro espírita receber passes nos momentos de dificuldades não entende isso. Acredita que os espíritos que socorrem em nome de Jesus estão ali para retirar dos ombros da pessoa a mochila dos problemas que cada um confecciona para si mesmo. Ao receber o auxílio que buscara, continua na mesma vida de antes. Crê que o centro ficou com os problemas de que era portadora. Não compreende que recebera um socorro de emergência. Que necessita mudar de vida para que a parcela de socorro que recebera por antecipação não seja consumida em vão. Continua a semear os desequilíbrios, a cometer os mesmos erros que trarão de volta os problemas através da lei de causa e efeito, da livre semeadura e da colheita obrigatória.

É André Luiz quem afirma no livro *Evolução em dois mundos* que de modo geral, porém, a etiologia das moléstias perduráveis, que afligem o corpo físico e o dilaceram, guardam no corpo espiritual as suas causas profundas. (capítulo XIX)

Do livro de André Luiz, *Ação e reação*, capítulo 19, anotamos o seguinte sobre as doerças:

– Caro instrutor, depreendemos da elucidação que, ao nos reencarnarmos, conduzimos conosco os remanescentes de nossas faltas, que nos partilham o renascimento, na máquina fisiológica, como raízes congeniais dos males que nós mesmos plantamos...

– Perfeitamente – acentuou o mentor amigo – nossas disposições, para com essa ou aquela enfermidade no corpo terrestre, representam zonas de atração magnética que dizem de nossas dívidas, diante das leis eternas, exteriorizando-nos as deficiências do espírito.

✳✳✳

Como falamos em doença e ela está associada inevitavelmente ao sofrimento, vamos dar um pulinho até *O*

Evangelho segundo o Espiritismo, capítulo V, item 7, para relembrarmos o seguinte aspecto:

> Assim se explicam, pela pluralidade das existências, e pela destinação da Terra como mundo expiatório, as anomalias que apresenta a repartição da felicidade e da infelicidade entre os bons e os maus neste mundo. Essa anomalia não existe em aparência senão porque considerada sob o ponto de vista presente; mas se se eleva, pelo pensamento, de maneira a abranger uma série de existências, ver-se-á que cada um recebe a parte que merece, sem prejuízo da que lhe é dada no mundo dos espíritos, e que a justiça de Deus jamais é interrompida.
>
> Entretanto, não seria preciso crer que todo sofrimento suportado neste mundo seja, necessariamente, o indício de uma falta determinada; são frequentemente, simples provas escolhidas pelo espírito para acabar sua depuração e apressar seu adiantamento. Assim, a expiação serve sempre de prova, mas a prova não é sempre uma expiação.

Entendido o significado das enfermidades graves e do sofrimento em nossas vidas à luz da doutrina espírita, prosseguiremos acompanhando Carlos Henrique e Maria Isabel em sua trajetória terrestre.

Espero sinceramente, amigo leitor e leitora, que você não tenha feito como nos programas de televisão quando desligamos o aparelho para não assistir a propaganda, pulando esse trecho de esclarecimentos que a doutrina espírita nos proporciona, instruindo-nos para que possamos aprender a amar-nos.

CAPÍTULO CINCO

TEMPESTADE E BONANÇA

Dos infortúnios, o espírito consciente retira, sempre,
bênçãos de consolação e equilíbrio se permanecendo fiel
a si mesmo e ao Pai Criador que o destina à ventura.

Joanna de Ângelis (Divaldo P. Franco)
Após a tempestade

APÓS UMA RECUPERAÇÃO parcial da agressão sofrida pela cirurgia, Maria Isabel iniciou o tratamento de quimioterapia. Drogas poderosas invadiam-lhe o organismo como um exército devastador que atacava células em várias partes do seu corpo para onde eram levadas. Era a alternativa que restara com o objetivo de livrar o corpo da enfermidade ou, pelo menos, retardar-lhe a marcha. Padecia as consequências dos efeitos das medicações com muito cansaço, vômitos, falta de apetite, anemia, que cediam com o tempo. Quando sentia-se recuperada desse embate, era submetida à nova sessão de quimioterapia e todo ofrimento se renovava. E dessa maneira, com altos e baixos, encerrou o ciclo das medicações indicadas para o seu caso. Aos poucos foi recuperando-se até que se sentiu bem como outrora. Os exames indicavam a ausência de sinais da enfermidade em seu corpo. Comemorava feliz junto ao marido e aos filhos.

– Graças a nossa fé a paz voltou a reinar em nosso lar, Carlos Henrique.

– E a grande vencedora é você, Bel. Não fosse a sua resignação em aceitar todo o tratamento e não estaríamos agora mergulhando nesse tempo de bonança após a tempestade que enfrentamos.

– Com o seu apoio Kaká, qualquer outra mulher teria feito o mesmo.

– Tenho as minhas dúvidas, Mabel. Tenho as minhas dúvidas!...

Abraçou a esposa e lembrou:

– Hoje é o dia de retornarmos ao doutor para as orientações futuras. Sua enfermidade exige um acompanhamento médico rotineiro. Depois de todo o seu sofrimento, daremos, rigorosamente, sequência à vigilância necessária.

O médico participava da alegria do casal do qual ficara amigo devido às lutas travadas juntos.

– Maria Isabel, todos os exames não acusam a presença da doença em seu organismo. Entretanto, precisamos estar vigilantes sempre. Vou orientá-los quanto a rotina que a enfermidade combatida exige.

– Mas, doutor! Isso quer dizer que ela poderá retornar?

– Isabel, infelizmente medicina não é matemática onde fazemos um cálculo e temos uma resposta precisa.

Se a quimioterapia funcionar bem, poderá ter uma vida de boa qualidade. Só que não podemos descuidar e deixar de tomar as precauções recomendadas. Vamos pensar positivo, fazer a parte que nos cabe, confiando que a medicação tenha feito a dela. Esse é o raciocínio.

– Meu raciocínio inclui mais alguém, doutor.

– E posso saber quem? Não vá me dizer que é a tal de "Camila"!

– Ela é o meu sonho, doutor. Mas estou falando de Deus!

– Isso é muito importante, Isabel. Tudo que reforçar o seu otimismo é bem-vindo. Utilize a sua fé que sempre ela ajudará. Aliás, estudos têm sido feitos em várias Universidades nesse sentido e os resultados comprovam isso. Pessoas que possuem fé e entregam-se a ela, obtêm melhor resultado praticamente em tudo na vida. Na doença se passa o mesmo.

– Tenho certeza disso, doutor. Entreguei-me nas mãos d'Ele e aqui estou! Dou graças a Ele e agradeço profundamente ao senhor que foi o Seu instrumento na minha cura.

Despediram-se, carinhosamente, e antes que o casal saísse, o médico alertou:

– Esqueci de uma coisa. De uma coisa importante! Nada de Kamila ou Camila! Seu organismo precisa ser poupado para lutar pela saúde. Uma gravidez solicita o corpo pelas exigências da nova vida que nele se desenvolve. Lutando pela sua saúde em consideração aos filhos que já tem, estará fazendo o seu papel de mãe, Maria Isabel. Com quatro filhos, estará cumprindo o papel de uma mulher vitoriosa. De tal maneira que, nem pensar em outra gravidez pelo seu bem, do seu marido e dos filhos que já tem. Entenderam bem, meus amigos?

– Cuidarei bem do nosso tesouro, doutor. Pode ficar tranquilo – acrescentou Carlos Henrique abraçando a esposa e saindo com ela do consultório.

Um ano se passou sobre os últimos acontecimentos. O seguimento da doença de Isabel nada revelara. Em uma manhã de sol forte que brilhava vitorioso em um firmamento azulado de poucas nuvens, o casal tomava café, quando Isabel falou com ar de tristeza para o marido:

– Não estou me sentindo bem, Carlos.

– Mas, Bel! Todos os exames se mostraram normais! Não é possível que esteja alguma coisa errada! Vou ligar para o médico e iremos hoje mesmo para que ele te examine. Não vamos perder tempo como da primeira vez.

Isabel continuava com o semblante triste.

– Mabel! Não fique assim, meu amor! Não há de ser nada. Não pode ser nada! Os exames nada mostraram, meu Deus!

– Eu já marquei a consulta com o médico.

– Já marcou? Fez muito bem. O que não podemos é perder tempo.

– Você me acompanha depois do almoço?

– Claro! Iremos juntos. Mas não fique preocupada. Lutaremos outra vez. E mais outra se for preciso, mas venceremos com Deus!

Beijou a esposa na face, acariciou seus cabelos e ficou torcendo muito para que aquelas horas que se interpunham entre a consulta e a dúvida passassem logo. O horário de ir ao médico chegou e Carlos Henrique saiu preocupado, muito preocupado, rumo ao endereço do facultativo. "Não podia ser a doença novamente! Os exames nada tinham acusado!"

– Carlos? – colocou Maria Isabel já dentro do carro do marido que se deslocava em direção ao consultório do médico que havia feito a cirurgia e acompanhava a recuperação da esposa.

– Sim, amor?

– Você está indo na direção errada.

– Como assim, Bel? Por acaso o médico mudou de endereço?

– Não, não mudou.

– Pois então!

– Mas para onde você está indo, Kaká?

– Ora, Bel! Para o consultório do médico que te operou e fez todo o tratamento!

– Não amor!

– Não?! Como assim, não?!

Isabel explodiu numa gostosa gargalhada:

– Eu marquei consulta com o meu obstetra, meu bem! Dessa vez fui eu quem te "pegou"!

– Com o obstetra?! Como assim com o obstetra?! Com o ginecologista você quer dizer. Vai fazer os exames preventivos que toda mulher deve fazer periodicamente?

Maria Isabel não respondeu. Apenas acariciou a barriga.

– Mabel! Pelo amor de Deus! Não vai me dizer que... Que...

– É a Kamila!

– Mas, Bel! O médico não falou?!...

– Dê bronca nela – disse apontando com o dedo para o próprio ventre.

– Meu Pai! E agora, meu Deus?!

– Ela vai nascer aborrecida com você, Kaká. Desprezando a menina desse jeito!

– Não é isso!... É que estou preocupado com você, meu amor!

– Eu me entrego nas mãos d'Ele, Carlos. Vou gerar mais esse filho, ou melhor, essa filha.

– Como então, que mulher corajosa é essa?! – comentava feliz o obstetra no interior do seu consultório e que não desconhecia os problemas enfrentados por Maria Isabel na luta contra o câncer após o exame realizado na sua paciente novamente. Sabia da gravidade da situação, mas não queria preocupar ainda mais o casal amigo.

– Pois é, doutor. Chegou a vez da menina que esperei tanto!

– E quem te dá essa certeza, minha querida paciente?

– Eu sonhei que um anjo me entregava nos braços uma menina, doutor! Afinal, preciso deixar alguém para tomar conta do Carlos Henrique!...

– Deixar alguém?! Não sabia que vai se aposentar! Ou será que se trata de uma separação judicial porque esse homem a traiu? – disse o médico para descontrair a colocação de Maria Isabel.

– Traição não, doutor. Ele é muito feio para conseguir outra – disse jocosamente. – Mas a vida impõe aposentadoria compulsória, doutor!

– Esse tipo de pensamento não faz bem para você e nem para a criança, Isabel! – comentou o facultativo entendendo a colocação dela.

Esperou um pouco e perguntou procurando desviar o foco da conversa:

– E posso saber se a menina que viu no sonho se parecia com o pai ou com você, Maria Isabel?

O anjo da guarda | 57

– O estranho doutor, é que não consegui ver o rosto dela. Por mais que me esforçasse, não consegui ver as suas feições. Mas o mais importante eu sei: é uma menina!

– Então não precisamos verificar o sexo no ultrassom como já tinha acontecido nas outras gestações? Segredo total?

– Não, não precisa. Aliás, não quero saber porque tenho certeza absoluta de que é uma menina! E para provar isso, não quero saber o sexo, doutor.

– Tudo bem. Não identificarei o sexo se você deseja dessa forma, Maria Isabel. Caso acerte, começarei pedir a sua opinião para as minhas outras pacientes. Pelo menos naquelas em que a determinação do sexo ficar mais complicada pela posição do feto no ultrassom – disse o médico sorrindo e solicitando os exames de rotina para sua paciente. Aproveitou também para combinar a data da provável cerclagem caso fosse necessária como já tinha acontecido, o que evitaria a prematuridade da criança ou, até mesmo, o aborto.

Despediram-se com carinho e o médico afagando levemente o abdome dela disse:

– Até breve, menininha.

– Kamila, doutor. Kamila com K!

– Com K? E por que com K, posso saber?

– "Homenagem ao pai a quem eu chamo carinhosamente de Kaká!" – tornou a explicar orgulhosa.

Marido e mulher abraçaram-se e saíram do consultório. Ela exultante com a vinda de Kamila, e ele preocupado com a gestação devido à doença grave que a esposa tivera. Tivera? A enfermidade estaria realmente erradicada do corpo de Isabel? Como era angustiante esperar a passagem do tempo para receber a resposta!

***

O QUE ENSINA O ESPIRITISMO:

Há quem assevere que se os filhos chegam é porque o Criador deseja que cheguem; porém, a reflexão não deve ser tão simplista, uma vez que todas as formas de progresso e de realização do bem contam com o beneplácito da Celeste permissão. Nada obstante, é o livre-arbítrio e a razão que dispõem dos elementos que estabelecerão o melhor tempo e a melhor maneira para que tudo o que seja obra humana se manifeste de maneira amadurecida e equilibrada sob os céus do mundo. Não é despropositadamente que os humanos são portadores das habilidades intelectuais, racionais e morais das quais podem dispor, como nenhum outro animal.

Uma vez que é pelo uso da liberdade de ação que os espíritos se emancipam na escala evolutiva ou se mantêm na retaguarda, nos emaranhados criados pela má orientação dos próprios passos, é por meio dessa mesma liberdade que os seres humanos terão que amadurecer e realizar as conquistas de lucidez e de ventura que se encontram à sua disposição no Universo afora.

Em sã consciência ninguém admitirá que seja do desejo de Deus a existência dessa imensa legião de crianças abandonadas desde o nascimento, de outras relegadas à hostilidade das ruas, à prostituição sexual, à cegueira intelectual e a outras variadas formas de violência. Aliás, é por encontrar tudo isso pela vereda da humanidade, que avultado número de almas se afirma materialista ou ateia, como se fosse Deus o responsável por tanto descalabro. (Raul Teixeira, *Minha família, o mundo e eu.*)

CAPÍTULO SEIS

O HOMEM PÕE E
DEUS DISPÕE

Ter um filho ou filhos sem problemas é um privilégio
de Deus. Ter filho com problemas é um super-privilégio
para o nosso espírito.

Chico Xavier
Lições de sabedoria

– DOUTOR, ESTOU MUITO preocupado com essa gravidez
de Isabel. O senhor também ficou sabendo do grave problema de saúde que ela teve – manifestava a sua preocupação Carlos Henrique ao médico obstetra.

– Sim. Conversei com o colega que a operou e fez o
restante do tratamento para saber os cuidados que deveria ter na atual gestação de sua esposa em relação à
enfermidade acompanhada por ele.

– Será que a gravidez vai fazer com que a doença volte, doutor?

– Não, Carlos Henrique. Inclusive essa gravidez aumentou a autoestima da sua esposa e isso é bom para a imunidade dela. O problema que vocês enfrentam é em relação à possibilidade do retorno da enfermidade durante a gestação devido ao estágio avançado em que a doença foi detectada como não foi escondido de você. O tumor estava grande e apresentava sinais de ter se espalhado para outros órgãos. Ela necessitou de quimioterapia na tentativa de combater a doença à distância de onde ela surgiu. Sempre fica a preocupação em relação ao rumo que as coisas vão tomar. Entretanto, no momento, é apoiá-la o máximo possível para que fique focada na gravidez e na futura criança. Sei que é um excelente marido. Por isso mesmo o aconselho a se desdobrar o quanto possa no apoio que ela deve receber. Vamos, como se diz, cuidar do que está ocorrendo agora. Ou seja, vamos cuidar de Maria Isabel e da vida que ela está gerando dentro dela. Se formos somar o que poderá ocorrer no futuro com o que está acontecendo hoje, acrescentando o que já ocorreu com a saúde dela, a carga ficará muito pesada.

– É. Jesus ensinava que basta a cada dia os seus problemas. Em outras palavras é o que o senhor está dizendo agora – colocou o marido para confortar a si mesmo.

– De acordo com aquilo em que você crê, estou certo, não é? É exatamente isso que precisamos fazer no caso de Maria Isabel. Ela tem feito o repouso necessário e tomado as medicações para evitar as complicações das outras gestações?

– Sim. Mabel é muito disciplinada. Muito obediente. E o que é melhor: tem muita fé em Deus.

O anjo da guarda | 61

– Então amigo, vamos caminhando cuidando dos problemas na medida em que surgirem e não antecipando aquilo que, inclusive, poderá nem vir a ocorrer. Como você recordou, já temos muitos problemas para o dia de hoje e é neles que devemos nos focar.

Carlos saiu mais aliviado do consultório do médico. O tempo da gestação foi escoando no relógio das horas, chegando o dia tão esperado do nascimento de mais aquela criança. As dores na sala de parto eram superadas pela felicidade daquela que seria a sua "Kamila". A criança nasceu. Foi atendida pelo pediatra e levada para a ala pediátrica do hospital em que Maria Isabel estava internada.

– Doutor, está tudo bem com a criança? – perguntou aflita Isabel ao pediatra ao ver o silêncio dele e das enfermeiras.

– Sim, Maria Isabel. Como você previu, é uma menina de fato.

– Mas não me deixaram vê-la nem por um minuto! Está acontecendo alguma coisa, doutor?

– Não, Maria Isabel. A enfermeira levou-a para completar a higienização e eu também estou indo para terminar de examiná-la e orientar sobre os demais cuidados. Fique tranquila que irão levá-la ao quarto mais tarde. Agora procure descansar.

Mas as palavras do pediatra não acalmaram o coração de Maria Isabel. No quarto, junto ao marido, ela estava inquieta.

– Kaká! Alguma coisa não está certa. Levaram a menina rapidamente para o berçário. Não me deixaram tocá-la nem por um minuto como fizeram das outras vezes com os meninos. Disseram alguma coisa para você? Não me esconda nada, por favor.

– Calma, Bel. Você está muito emocionada e angustiada porque a menina que você tanto quis, chegou. A enfermeira pediu para que eu esperasse no quarto junto a você que trariam a Kamila para mamar!

– Deus permita que eu esteja errada!

O tempo foi passando e a criança demorou além do normal para ser trazida ao quarto da mãe. Bateram à porta e entraram a enfermeira com a recém-nascida e o médico pediatra. Assim que aconchegou a filha no colo, Isabel descobriu melhor o rostinho da menina para ver se os traços lembravam mais a ela ou ao pai. Arregalou os olhos e gaguejou quando se dirigiu ao médico:

– Doutor... Doutor... Ela é...

– Sua menina tem a síndrome de Down, Maria Isabel.

– Meu Deus!

– Mas muita calma. As orientações de que a medicina dispõe contorna o problema com mais facilidade nos dias atuais. A menina poderá crescer muito bem com os cuidados e o amor dos pais por ela.

Carlos olhava para a criança com muita pena, não da filha, mas da esposa que esperara tanto por ela.

– A síndrome de Down é um defeito na divisão dos cromossomas durante o período em que a criança está sendo formada – continuou o médico pediatra a explicar. – Você deve ter estranhado a falta de aparência de sua filha com um dos pais, Maria Isabel. Mas está tudo dentro do previsto. Primeiro porque criança que acaba de nascer não se parece mesmo com ninguém. Nasce com o rosto avermelhado, os olhinhos fechados, envolvida por material do saco embrionário onde a gravidez se desenvolveu, rostinho meio inchado, mas tudo isso é absolutamente normal. Só com o tempo é que os traços vão se definindo. As crianças dessa síndrome possuem os olhinhos puxados como dos povos orientais, dedinhos mais curtos, rosto redondo e outras características que vocês irão descobrir com o tempo e o convívio com ela. Uma coisa muito importante no caso de Kamila, é que ela não apresenta sinais de problemas cardíacos. Cerca de cinquenta por cento das crianças com essa síndrome são cardíacas o que agrava ainda mais o quadro. Ela deu sorte por tê-los como pais e tudo irá caminhar muito bem, tenho certeza.

– E a parte mental, doutor? – indagou Carlos Henrique que estava mais tranquilo do que a esposa.

– Você tocou numa parte importantíssima, pai. As crianças com síndrome de Down precisam ser estimuladas desde o nascimento! O estímulo será o melhor tratamento que podemos proporcionar para elas. Precisam conviver naturalmente com outras pessoas. Vencer o preconceito que é um grande obstáculo nesses casos. Se possível, dependendo de cada caso evidentemente, frequentar uma escola normal. Conviver com as coleguinhas. Escola especial só quando for realmente necessário. Deve receber muito carinho no lar como vocês estão acostumados a fazer com os outros filhos e muita estimulação. Não percam de vista esse ponto: muito estímulo desde agora. Não fiquem com receio ou com dó nem super protejam a menina porque isso acentuará as deficiências que ela virá a apresentar. Num primeiro contato, os pais ficam totalmente desorientados, perdidos mesmo. Mas, após esse momento, muita dedicação para uma vida da criança o mais próximo da normalidade possível. Seguirei Kamila em meu consultório em todos os momentos que ela necessitar. Farei minha parte como tenho a certeza de que farão a sua.

As palavras do pediatra quebravam um pouco o impacto inicial do primeiro contato com a filha.

Foi Carlos Henrique quem falou:

– Pode ter certeza que sim, doutor. Kamila terá todo o estímulo dos nossos corações. É bem-vinda desde agora. Se Deus quis assim, aceitamos os desígnios do Senhor! Essas crianças doutor, segundo a nossa fé, são almas mais evoluídas que vêm nos ensinar a amar. Apresentam essas deficiências para nos estimular ao amor ao próximo como Jesus nos aconselhou. Minha filha veio com essa missão, doutor. E ela conseguirá nos ensinar a amar mais ainda![2]

Maria Isabel nada disse. Sorriu para o pediatra em forma de agradecimento e abraçou fortemente a filha, cobrindo-a de beijos oriundos de seu coração amoroso. Kamila recebia seu primeiro grande estímulo.

***

O QUE ENSINA O ESPIRITISMO:

Diferentes dificuldades dos filhos

Vezes sem conta muitos genitores veem nascer seus

---

2.   Relembramos ao leitor(a) que Carlos Henrique não era espírita e expunha suas convicções de acordo com a fé religiosa de que era portador.

filhos marcados por deficiências duras, que os limitam em seus movimentos pelo mundo. Pais existem cujos rebentos, mesmo com corpo perfeito, são portadores de distúrbios psicológicos ou de doenças psiquiátricas que exigirão um agigantado teor de paciência e de carinho para diminuir-lhes as agruras reencarnatórias.

Há filhos que, no entanto, renascem com corpo maravilhoso, plasticamente perfeito, além de portarem excelentes capacidades intelectuais, donos de diplomas invejáveis; no entanto, seus dramas serão vividos no bojo da vida social, quando então, deverão dar conta dos seus próprios débitos para com as leis de Deus.

Muitas vezes, não conseguem a aprovação em anelados concursos públicos, não têm sucessos nos exames vestibulares para algum curso universitário, enquanto que outros não conseguem os empregos buscados com avidez, mesmo com seus diplomas referendados por conhecimentos notáveis adquiridos com todo o mérito.

Sem embargo, tais formas humanas de sofrimento e de frustrações ninguém pode vivenciar no lugar dos herdeiros.

Quantos são os filhos defrontados pelas sugestões dos vícios, em geral, das drogas pesadas, em particular, ou que se dobram às propostas da violência e da criminalidade, levando os genitores aos paroxismos dos sofrimentos e frustrações morais?

Além de todo esse espectro de desafios e amarguras, de lutas morais e de desapontamentos, quantos são os filhos que escolhem complicados parceiros conjugais – que ora são violentos e agressivos; ora são onzenários ou golpistas; ora são infiéis ao lar, ao cônjuge e aos filhos – o que acaba por produzir intensas dores morais nos passos da estrada humana." (Raul Teixeira, *Minha família, o mundo e eu.*)

***

Todos os pais, ou a grande maioria deles, desejariam receber em seus lares filhos isentos de problemas quer sejam físicos ou morais. Da mesma forma que o professor tem menos trabalho com o aluno inteligente e mais dificuldade para ensinar ao aluno com menor facilidade de aprendizado. Sejam esses filhos problemáticos do corpo ou da alma, eles nos foram encaminhados pela Providência Divina para que pudéssemos orientá-los da melhor maneira possível no caminho do acerto, no caminho do bem. Nem sempre a enfermidade do corpo reflete dívidas ou desequilíbrios do passado. Muitas vezes são lições que o espírito pede antes de reencarnar para adquirir qualidades morais de que ainda não dispõe. Cabe a nós auxiliá-los na tarefa a que se propõe, da mesma forma como necessitamos de auxílio daqueles que estão à nossa frente no campo da evolução.

Na questão de número 372 de *O Livro dos Espíritos,* Kardec pergunta qual o objetivo da Providência Divina criando seres infelizes como os cretinos e os idiotas. Na questão seguinte, a de número 373, Kardec indaga qual seria o mérito da existência para esses seres que não podem fazer nem bem nem mal, não podendo progredir. Na resposta à primeira dúvida de Kardec, os espíritos esclarecem que os deficientes mentais são espíritos em punição, habitando corpos deficientes. Eles sofrem pelo constrangimento que experimentam e pela impossibili-

O anjo da guarda | 67

dade em que se encontram de se manifestarem por meio de órgãos não desenvolvidos. Para fazermos uma comparação, podemos utilizar a imagem de um músico que tem um violino ruim nas mãos. Esse músico, enquanto tiver apenas esse violino de má qualidade, não conseguirá tocar grandes melodias. Com isso sofre por não poder demonstrar a sua arte. A existência nessas condições é uma expiação imposta ao abuso que fizeram de certas faculdades respondem os espíritos à segunda indagação de Kardec. Esses espíritos estão em uma prisão temporária. Ressaltamos essa condição: prisão temporária! Ao deixarem o corpo material, entram na posse de todo o conhecimento e toda a capacidade que já conseguiram desenvolver. Continuam os espíritos ensinando que o corpo de um idiota pode abrigar um gênio! Sim! Um gênio em prisão temporária no corpo devido ao mau emprego da sua inteligência em existências anteriores.

Interessante ressaltar a questão de número 374 do mesmo livro em que fica esclarecido que o espírito quando está desvinculado do corpo deficiente tem consciência das limitações desse corpo. Por exemplo, quando se desvincula através do sono.

Muito importante relembrar um caso descrito no livro *Astronautas do Além,* psicografado por Chico Xavier, e que em seu capítulo 8, descreve o amor de um pai por uma filha excepcional, sua luta em busca dos recursos médicos para essa filha do coração. Esse pai dedicado e amoroso procurou por Chico Xavier na busca de orientações sobre a menina com deficiência. Queria uma explicação, um rumo para o problema que enfrentava. Não estava revoltado contra Deus, apenas

68 | Ricardo Orestes Forni

buscava palavras de esclarecimento e alento. Na reunião mediúnica em que se tratou de filhos excepcionais, o poeta Silva Ramos escreve uma poesia que traz uma explicação ao problema que pode ser aplicada àquele homem e de sua filha excepcional:

***

Vinculação redentora

O fidalgo, ao partir, diz à jovem senhora:– Eu sou teu, tu és minha!... Espera-me, querida!...
Longe, ergue outro lar... Vence, altera-se, olvida...
Ela afoga em suicídio a mágoa que a devora.

Falece o castelão... Vê a noiva esquecida...
Desencarnada e aflita, é uma sombra que chora...
Ele pede outro berço e quer trazê-la agora
Em braços paternais ao campo de outra vida!...

O século avançou... Ei-los de novo em cena...
Ele o progenitor; ela, a filha pequena
A crescer retardada, abatida, insegura...

Hoje, ele, em tudo, é sempre o doce pajem dela
E a noiva de outro tempo é a filha triste e bela
Agarrando-se ao pai nos traumas da loucura.

***

Que explicação maravilhosa, não é mesmo? O fidalgo promete voltar e deixa a jovem apaixonada esquecida por constituir outra família em terras distantes. Ela, enlouquecida pelo desprezo se suicida. Qual o melhor remédio para os dois quando se encontram desencarnados? A volta, o retorno juntos através da bênção da reencarnação. Agora, ele, na posição de pai amoroso e extremamente dedicado que embala nos braços a filha problemática, ela, a noiva abandonada e suicida, agora na posição de filha com deficiência mental.

Evidentemente que todos os pais que possuem filhos excepcionais não lhes causaram mal em existências pretéritas. Existem aqueles que se oferecem para o trabalho no campo do amor recebendo filhos excepcionais, contudo, podemos considerar que são em número bem menor porque, afinal, estamos em um planeta de provas e expiações.

Com as explicações espíritas torna-se mais fácil carregarmos a nossa cruz, não é mesmo?

Que o Carlos Henrique e Maria Isabel não nos ouçam. Pelo menos, por enquanto...

CAPÍTULO SETE

A ADVERSIDADE

A superação do sofrimento é, sem dúvida, o grave desafio da existência humana, que a todos cumpre conseguir.

Joanna de Ângelis, (Divaldo P. Franco)
Elucidações psicológicas à luz do espiritismo

– ONDE ESTÁ A MAMÃE, meu filho? – perguntou Carlos
Henrique ao filho mais velho.

– Não sei papai...

– Ela saiu e deixou vocês aqui sozinhos?!

– Ela pediu para eu tomar conta dos outros, especial-
mente da Kamila enquanto ela precisava fazer uma coisa.

– E não disse para onde ia?

– Não, papai. Só escutei ela chamando um táxi e depois ela se foi.

Carlos Henrique estava extremamente preocupado. "Cheguei mais cedo em casa e Isabel está ausente. Não me ligou avisando nada. Essa não seria jamais a conduta de Maria Isabel. Alguma coisa grave deveria ter ocorrido. Deixar os filhos e, principalmente, Kamila! O que poderia tê-la levado a tomar tal atitude?" – turbilhonava na mente os pensamentos do marido preocupado com a segurança da esposa.

A preocupação foi aumentando com o movimento dos ponteiros do relógio. Verificou a situação dos meninos e procurou por Kamila que recebia estímulos constantes de todos, inclusive dos irmãos que a acolheram muito bem. Suas limitações com tais atitudes iam sendo contornadas com êxito, embora fosse ainda pequena, quase chegando a idade de cinco anos.

Um barulho de carro estacionando à porta fez com que Carlos Henrique corresse verificar do que se tratava. Era Maria Isabel que chegava e trazia o semblante carregado.

– Oi, amor! – disse abraçando e beijando a esposa ternamente. – Vim mais cedo hoje, mas as crianças disseram que saiu apressada!

– Apressada não é bem o termo, Kaká. Saí muito preocupada.

– Não me disse nada! O que está acontecendo?

– Voltei a evacuar sangue! – disse aconchegando-se nos braços do marido e chorando baixinho para não assustar os filhos.

– Calma, amor! Você foi ao médico?

– Acabei de vir de lá.

– E por que não me avisou para que eu fosse junto?

O anjo da guarda | 73

– Você tem muito trabalho com a nossa pequena empresa e achei melhor não sobrecarregá-lo ainda mais.
– Mabel! Por favor! Se trata da sua saúde que é interesse de todos nós! Nunca irá me sobrecarregar. Mas o que o médico disse? O que ele achou?
– Pediu um monte de exames de tudo quanto é jeito. Disse que se você quiser, pode ligar para ele.
– Ligarei hoje à noite mesmo. Mas ele não te disse nada?
– Como da primeira vez, disse que precisa dos exames para fazer um diagnóstico. E eu estou tão preocupada!... Meu Deus! O que será dessas crianças e em especial da Kamila?!
– Por favor, Isabel. Confiemos em Deus! Não vamos pensar no pior. Da outra vez não era hemorroida, mas dessa vez pode ser!

Isabel percebia a boa intenção nas palavras do marido, mas alguma coisa dentro dela dizia que era o começo do fim. A doença estaria reaparecendo para ganhar a guerra.

– Não vou esperar pela noite, não. Vou tentar localizar o médico agora! Vou até o consultório dele e tenho certeza de que me atenderá. Fique com as crianças que vou cuidar disso. Não quero vê-la desse jeito tão para baixo. Isso faz mal para você.

Apanhou as chaves do carro e saiu desesperado atrás do médico. "Por certo ele não falara a verdade a Isabel para poupá-la, mas ele precisava saber de tudo!" Chegou ao consultório e subiu os poucos degraus de maneira muito rápida. Falou com a secretária que já o conhecia. Precisava falar com o doutor nem que fosse para pagar uma consulta. A moça consultou o médico que pediu para que Carlos Henrique esperasse a saída da consulta que estava na sala que o doutor conversaria com ele. E assim realmente ocorreu. Carlos entrou no consultório com visíveis sinais de angústia profunda.

– Doutor, o senhor me desculpe atrapalhar o seu consultório, mas é que Isabel chegou em casa apavorada. Não me disse que viria consultar hoje com o senhor. Muito menos que tinha evacuado sangue novamente. Por isso estou aqui. Para saber a verdade, doutor. O que o senhor acha que está acontecendo?

– Carlos Henrique, só posso falar em hipótese enquanto todos os exames não ficarem prontos. Entretanto, estou preocupado com a sua esposa. Os sintomas que ela me relatou, não são nada bons.

– Esse sangramento que ela teve pode?... Pode?... – ele não conseguia concluir a pergunta. Tinha medo da resposta.

– Pode sim, Carlos Henrique. Pode ser o tumor que voltou em outra parte do intestino. É o que veremos pelos novos exames que pedi. Mas o que mais me preocupa é se a doença está em outros lugares do corpo dela.

– O senhor está dizendo que a doença pode ter se esparramado, doutor?

– Estou Carlos. E é exatamente isso que me preocupa muito. Não disse isso a ela, mas não posso esconder de você. Aliás, não devo esconder.

– E se isso está ocorrendo, o que podemos fazer doutor?

– Se tiver um outro tumor, terá que ser operada novamente.

– Meu Deus!

– E se a doença estiver em outros órgãos, voltará a fazer quimioterapia novamente. Ou seja, não dá para se ter uma ideia exata do que iremos fazer sem os exames. Pode ser que façamos só a quimioterapia. Não sei. Tudo vai depender do que encontrarmos nos exames.

– E ela passava tão mal com a quimioterapia!

– Mas não há outra alternativa. Não temos escolha. Outra batalha será travada.

– E a guerra, doutor, quem ganhará? – perguntou Carlos Henrique numa atitude corajosa e de coração ferido.

– Não posso enganá-lo, Carlos Henrique. Se a doença estiver em outros locais do corpo, a guerra estará perdida. É uma questão de tempo.

O marido apaixonado deixou a cabeça pender sobre o tronco. Alisou os cabelos. Estava pálido. Triste, muito triste.

– Se essa for a vontade de Deus, o que podemos fazer?

– A vontade de Deus é que a gente lute, Carlos, e é o que faremos até o fim – colocou de maneira firme o médico percebendo o desânimo do marido.

– Claro, doutor! Sem nenhuma dúvida. Lutaremos até o último instante. Enquanto existir um fio de esperança estaremos agarrados a ele. Faremos a nossa parte para que Deus faça a d'Ele.

– Não gosto de colocar meus pacientes a par de toda a realidade, Carlos Henrique. Se o doente ficar deprimido a situação se complica ainda mais. Vou abordar o assunto com Maria Isabel sem os detalhes que precisei revelar a você. Gostaria que fizesse o mesmo. Não a coloque a par da real situação porque somente irá dificultar ainda mais as coisas.

– Não, doutor. Vou deixar o senhor falar para que ela continue a confiar no senhor. Não me intrometerei. Quando voltar para casa, direi a ela que o senhor vai aguardar os exames para dar o seu diagnóstico. Quanto tempo o senhor acha que levará para que todos os exames fiquem prontos?

– Creio que em uma semana teremos condição de estabelecer nossa estratégia para a nova batalha, Carlos.

O jovem despediu-se do médico agradecendo-lhe muito pela atenção.

Novas batalhas foram travadas com sessões de quimioterapia para debelar o tumor que havia se esparramado para outros órgãos do corpo de Maria Isabel. Várias internações, muito sofrimento, principalmente de ordem moral ao angustiar-se pelos filhos que ficariam sem a mãe.

No leito do hospital, Isabel conversava com o marido já com voz débil, esforçando-se para falar. A guerra parecia estar no final com a vitória do inimigo.

– Carlos, estou chegando ao fim.

– Só Deus sabe se está ou não, Maria Isabel. Por favor, não desanime. Lute por você e por nós que a amamos tanto!

– Mas eu sei que sim porque estou tendo alucinações!

– Como assim, Maria Isabel?!

– Nos momentos em que adormeço ou creio adormecer, vejo vultos no quarto.

– Ora, Bel! São as enfermeiras que vêm cuidar de você, amor!

– Não, não são. Numa dessas vezes apertei o botão próximo da cama chamando pelo serviço de enfermagem e vi nitidamente quando uma delas entrou pela porta. Era diferente. Diferente dos vultos que vejo andar de um lado para outro.

– É que você está fraca com o tratamento, Maria Isabel. Você está imaginando que está vendo alguém.

– Mas, Kaká! Esses vultos atravessam a parede!

– Se atravessam a parede como você diz, isso prova que é um sonho ou uma alucinação sua pelo fato de estar fraca, Bel! Quer uma prova de que é só a sua imaginação? Com quem se parecem? Se são pessoas, devem ter um traço fisionômico, devem lembrar alguém que vem visitá-la! E então, com quem se parecem?

– Se eu te disser, não vai acreditar!

– Sempre acreditei em você, amor. Por que iria duvidar logo agora quando você mais está precisando do meu apoio? Fale!

– Eu vi nitidamente minha avó materna que faleceu há muitos anos!

– Está vendo?! Aí está a prova! Os que partem permanecem no seio do Senhor aguardando a ressurreição final como bem sabemos, Maria Isabel!

– Mas eu vi nitidamente!

– Você imaginou ter visto. Sua avó está com o Senhor aguardando o final dos tempos e não poderia estar aqui, Maria Isabel! Descanse para continuarmos a lutar. Façamos nossa parte para que Deus faça a d'Ele.

Isabel segurou o mais forte que pôde na mão do marido e olhou languidamente para ele como se fosse um olhar de despedida. Sorriu um sorriso fugidio minado pela enfermidade que a enfraquecia dia a dia. Pediu ao marido que não trouxesse os filhos para vê-la naquela situação. Gostaria que guardassem outra imagem dela. Seu coração explodia de saudades de Kamila, mas ela era muito pequena para entender a realidade daquele momento triste. Pediu a Carlos pelos filhos que só contariam com ele. Diante da negativa do marido em reconhecer que o fim se aproximava, lembrava-lhe o cumprimento da vontade do Pai.

***

O QUE ENSINA O ESPIRITISMO:

Os dias de intensas angústias

Há quanto tempo choras o teu amado que a morte conduziu ao Grande Lar?

Quanto sofreste por acreditar que a morte do corpo destrói, de fato, a vida daquele que dizes amar?

Por quanto tempo admitiste que os Céus te negaram socorro ou que do Criador te faltou a assistência, quando rogaste tantas coisas enredado pela desarmonia que a dúvida e o desespero te impuseram?

Quanto materialismo ocultaste em tuas crenças, sem que disso te apercebestes?

Como te amarguraste em longas noites sem sono e nos dias sem brilho, fitando fotos mudas ou contraindo contra o teu corpo os pertences frios daqueles que se despediram na aduana da desencarnação!

Agora, o tempo, a dor e as reflexões levam-te a buscar respostas novas para as velhas interrogações. Hoje, quando o silêncio íntimo que te impuseste chama a tua atenção para os fenômenos da vida abundante, sentes que a vida dos teus amores não se pode resumir num conjunto de tecidos celulares, temporariamente em movimento, marcado por quentura e expressões dinâmicas. (Raul Teixeira, *Minha família, o mundo e eu*, capítulo 28)

***

De consciência desperta

Desperta, pois, alma da Terra, para o dia sem final que a todos espera nas dimensões da vida imortal, após o rompimento dos vínculos espirituais com a matéria grosseira.

Por mais que a separação temporária que sofras dos teus seres queridos possa atordoar o teu íntimo, o que é por demais compreensível, guarda a certeza de que te achas na estação da vida, perante o comboio da realidade, onde hoje despede-te de tantos afetos, até que te chegue, igualmente, o dia de embarcar, quando outros companheiros estarão com lágrimas, a se despedirem de ti. Eis a dinâmica da existência planetária.

Quanto tempo viveste na Terra longe das ilações a respeito da vida?

Embora a fatalidade dessa ocorrência – a da morte corporal – são bem poucos os indivíduos que dimensionam bem esse fenômeno, de modo que emprestem maior sentido às próprias existências, tratando de valorizar os dias de lutas e de aprendizados no planeta, conscientes de que a morte – por mais que se lhe queira envolver em escuros e sombrios véus – não é, senão, o verso brilhante ou oxidado da simbólica moeda da vida no orbe, e que ninguém dessa experiência se evadirá.

Quanto de bênçãos fruirás, a partir do entendimento alcançado acerca da morte física, conforme os ensinamentos dos imortais, que desvela o estuário imortal da excelsa vida! (Raul Teixeira, *Minha família, o mundo e eu*, capítulo 28)

***

À proporção que o homem compreende melhor a vida futura, o temor da morte diminui; mas, ao mesmo tempo, compreende melhor a sua missão na Terra, lhe aguarda o fim com mais calma, mais resignação, e sem medo. A certeza da vida futura dá-lhe outro curso às ideias, outro objetivo ao trabalho; antes dela, nada que se prenda ao presente; depois dela tudo pelo futuro, ou má direção deste. A certeza de reencontrar seus amigos depois da morte, de reatar as relações que tivera na Terra, de não perder um só fruto do seu trabalho, de engrandecer-se incessantemente em inteligência, perfeição, dá-lhe paciência para esperar e coragem para suportar as fadigas transitórias da vida terrestre. A solidariedade entre vivos e mortos faz-lhe compreender a que deve existir na Terra, onde a fraternidade e a caridade têm desde então um fim e uma razão de ser, no presente e no futuro.

O temor da morte decorre, portanto, da noção insuficiente da vida futura, embora denote também a necessidade de viver e o receio de que a destruição do corpo seja o fim de tudo. É, ainda, provocado pelo secreto desejo da sobrevivência da alma, velado ainda pela incerteza.

Esse temor decresce à proporção que a certeza au-

O anjo da guarda | 81

menta, e desaparece quando esta é completa." (Kardec, *Revista Espírita*, ano 1865, mês de fevereiro)

***

É uma horrível infelicidade, dizeis, que uma vida tão plena de esperanças seja tão cedo cortada! De quais esperanças quereis falar? Das da Terra, onde aquele que dela se vai teria podido brilhar, construir seu caminho e sua fortuna? Sempre essa visão estreita que não pode elevar acima da matéria. Sabeis qual seria a sorte dessa vida tão plena de esperanças segundo vós? Quem vos diz que ela não poderia ser cheia de amarguras? Contais, pois, por nada as esperanças da vida futura, já que preferis as da vida efêmera que arrastais sobre a Terra? Pensais, pois, que vale mais ter uma posição entre os homens que entre os espíritos bem-aventurados?

Regozijai-vos ao invés de vos lamentar, quando apraz a Deus retirar um de Seus filhos deste vale de misérias. Não há egoísmo em desejar que ele aí permanecesse para sofrer convosco? Ah! essa dor se concebe naquele que não tem fé, e que vê na morte uma separação eterna; mas vós espíritas, sabeis que a alma vive melhor desembaraçada de seu envoltório corporal; mães, sabeis que vossos filhos bem-amados estão perto de vós; sim, bem perto; seus corpos fluídicos vos cercam, seus pensamentos vos protegem, vossa lembrança os embriaga de alegria; mas também vossas dores desarrazoadas os afligem, porque elas denotam uma falta de fé e são uma revolta contra a vontade de Deus.

Vós que compreendeis a vida espiritual, escutai as pulsações de vosso coração chamando esses entes bem-amados, e se pedirdes a Deus para os abençoar, sentireis em vós essas poderosas consolações que secam as lágrimas, essas aspirações maravilhosas que vos mostrarão o futuro prometido pelo soberano Senhor. (*O Evangelho segundo o Espiritismo*, capítulo V, item 21)

***

Naquele dia em que o marido descansava um pouco dos dias de angústia, de intensa dor que se derramavam em seu lar, o temido aviso acabou finalmente por chegar.

– Alô! Senhor Carlos Henrique?

– Sim!

– A dona Isabel...

– Já sei... Ela se foi!

– Infelizmente, senhor!

CAPÍTULO OITO

NA VIDA QUE CONTINUA

Habituai-vos a não censurar o que não podeis compreender, e crede que Deus é justo em todas as coisas e, frequentemente, o que vos parece um mal é um bem; mas vossas faculdades são tão limitadas que o conjunto do grande todo escapa aos vossos sentidos obtusos.

O Evangelho segundo o Espiritismo
capítulo V, item 22.

RECOLHIDA EM UM hospital da espiritualidade devido aos méritos adquiridos, Maria Isabel se comportava como uma paciente em recuperação no plano material após uma cirurgia a que tivesse sido submetida para a recuperação da saúde.

Enquanto isso na Terra, Carlos Henrique conversava com os cinco filhos procurando explicar o ocorrido com a mãe.

– Filhinhos. A mamãe foi para o Céu onde continuará a velar por nós. De lá aguardará o nosso reencontro no dia da ressurreição final onde quando então estaremos juntos para sempre. Ela deixou esse mundo de sofrimento e foi morar no reino de Deus. O papai agora será mãe também de vocês. Vamos nos amar mais ainda e nos proteger como ela gostaria que acontecesse. Todas as manhãs faremos nossas orações por ela. Quando formos a nossa igreja também. Ela continuará viva em nossos corações.

Abraçou a todos os meninos, beijando-os, detendo-se mais demoradamente em Kamila que não compreendia o que acontecia devido a pouca idade.

Maria Isabel havia desencarnado com a ideia da ressurreição onde o espírito deve esperar o final dos tempos para entrar na posse do mesmo corpo que um dia houvera possuído na Terra, o que é cientificamente impossível já que o corpo se decompõe retornando todos os seus componentes materiais para o reservatório da Natureza. Quando esse conceito está incrustado no ser imortal que desencarna, a tomada de consciência da nova realidade pelo espírito que continua a viver uma vida ainda mais abundante no mundo espiritual, é mais difícil. Porém, a paciência dos trabalhadores espirituais é incansável em nome da misericórdia de Deus. Com os méritos angariados e depois de um tempo decorrido para o necessário diálogo com Maria Isabel, a jovem mãe desencarnada começou a despertar no mundo espiritual.

– Onde estou? Lembro que estava "nas últimas". Eu ainda não morri? – perguntou como que despertando de um longo sono.

– Você se sente viva ou morta, Isabel? – perguntou um dos espíritos que serviam na ala hospitalar que acolhera a desencarnada.

– Não sei... Estou confusa... Deveria estar morta.

– Mas você não acredita em Deus, minha amiga?

– Sim. Claro. Eu creio no Senhor!

– Pois então! Ele nos criou para vivermos para sempre! Por isso a morte não existe nunca! Jesus não ensinou que aquele que acreditasse nele, mesmo que morresse, viveria?

– Mas eu estava muito mal, com câncer. Lembro-me perfeitamente. Como ainda não morri?!

– Ah! Agora entendi. O que você está querendo dizer é que o seu corpo usado lá na Terra estava muito enfermo.

– É tudo muito confuso! Meu corpo estava muito doente. Praticamente desenganado pela medicina.

– Ficará mais claro quando você entender que somos criados por Deus para a imortalidade, e o corpo que nos é fornecido pelos nossos pais, lá no mundo, quando nascemos é que a morte atinge. São coisas absolutamente diferentes, Maria Isabel. Como filhos de Deus, jamais conheceremos a morte como bem demonstrou Jesus ao ressurgir da morte na cruz.

– Mas aquele corpo que utilizamos no mundo será o nosso corpo na ressurreição final!

– Maria Isabel, veja bem! Mergulhados na imortalidade como todos estamos, não necessitamos do corpo físico porque continuamos vivos! O corpo que usamos entre os homens é profundamente respeitável, mas existimos, vivemos sem ele na dimensão espiritual da vida que

86 | Ricardo Orestes Forni

nunca se encerra. Você mesma é a prova disso! Está plenamente viva! Para que precisaria do corpo que deixou no mundo?

– Mas, e na ressurreição, não precisaremos dele? Jesus ressurgiu em seu corpo após a morte na cruz!

– O corpo do nosso Senhor Jesus Cristo, era semelhante ao nosso corpo atual, Maria Isabel. Não era o corpo de carne que ele utilizou enquanto ficou no mundo dos homens. Se aquele corpo é perecível, se ele é mortal e nós somos imortais, para que necessitaríamos desse corpo que começa a morrer quando a criança nasce através do processo de envelhecimento, Maria Isabel?!

– Mas a Bíblia fala na ressurreição dos corpos!

– Não necessariamente nos corpos mortais, minha amiga. Por exemplo, você está viva. Eu estou viva! Todo esse pessoal recolhido no hospital está vivo sem nenhum corpo de carne! Podemos, de certa forma, dizer que sofremos a ressurreição que é a vitória sobre a morte com um corpo mais leve, com um corpo espiritual e não de carne como nos acostumamos lá no mundo. O apóstolo Paulo já ensinava sobre esse novo corpo que ostentamos nessa dimensão da vida.

– Está muito confuso para meu entendimento...

– Como é natural! O importante é você entender que continua viva como Jesus prometeu a todos que acreditassem nos ensinamentos dele. Acalme o seu coração. Você precisa repousar para se recuperar das lutas que enfrentou. O importante, por hora, é manter sempre a sua fé em Deus como tem feito, minha filha.

– Mas, afinal, morri ou não morri?!

– Para ficar mais fácil, por enquanto, ficamos assim:

seu corpo material que estava doente acabou. Você está plenamente viva, Maria Isabel! Como sempre estará! Tenha paciência e confie em Deus que acabará entendendo. Não tenha pressa! Temos toda a eternidade para entendermos cada vez mais tudo o que precisamos aprender. No início tudo parece estranho, mas depois, aos poucos, vamos entendendo a grandiosidade de Deus para conosco, Maria Isabel.

– Estou com saudades da minha família!

– Isso também é compreensível. Você foi e continuará sendo uma boa mãe. Uma esposa fiel que teve um companheiro que a amou e ama profundamente fazendo com que a saudade seja normal.

– Como continuarei sendo uma boa mãe se morri?!

– Ah! Maria Isabel! Você diz isso porque não conhece ainda a grandiosidade de Deus que jamais separa os que verdadeiramente se amam!

– Eu creio no Senhor!

– Se crê, então tudo fica mais fácil.

– E como a minha fé em Deus vai permitir que eu continue mãe dos meus filhos?

– Você verá, Maria Isabel. Você verá! Assim que estiver pronta, continuará cumprindo seu papel de mãe como se ainda estivesse na Terra junto aos corações que ama e a amam também. A morte não tem força para vencer ao verdadeiro amor.

– E onde estou? Isso aqui parece um hospital!

– Não só parece como realmente é. Você está aqui por um tempo para recuperar-se dos sofrimentos do mundo. Entretanto, logo estará restabelecida para continuar a viver. Uma vida mais abundante ainda como afirmava Jesus.

– E onde ele está?

– Quem? Jesus?

– Sim. A Bíblia nos ensina que após a morte nos encontraremos com ele!

– De uma certa forma, Maria Isabel, Jesus está aqui entre nós nas pessoas que amam e servem em Seu nome.

– Mas ele mesmo não está?

– Jesus está próximo de Deus, Maria Isabel.

– E nós que cumprimos a vontade dele também não estamos?

O espírito que atendia Isabel com todas as suas dúvidas sorriu da ingenuidade da moça e lembrou-lhe:

– Como dizia o apóstolo Paulo, em Deus existimos e em Deus nos movemos!

– Mas não conseguimos vê-Lo?

– Depende do que você quer dizer com ver a Deus. Tudo o que existe é obra do Criador, Maria Isabel! O pássaro que canta; a flor que desabrocha no campo; o fruto que amadurece; as águas de um riacho; o sol que ilumina; a lua que inspira os poetas e os apaixonados; um filho que nasce; uma pessoa que socorre o necessitado; alguém que ama incondicionalmente; tudo é obra de Deus, minha filha. Entretanto, compreendê-Lo realmente, só para os espíritos que atingiram o grau de pureza máximo. Nós estamos muito distantes disso.

– Mas...

– Isabel, façamos o seguinte: você precisa descansar para recuperar-se mais. Na medida em que isso ocorrer, iremos explicando tudo melhor para você. Não só explicando como levando-a para ver a realidade desse lado da vida imortal. Não queira entender tudo de uma só vez porque isso é impossível para qualquer um de nós. Descanse. Confie e tudo o mais lhe será dado por acréscimo.

***

O QUE ENSINA O ESPIRITISMO:

Sabeis que o Gênesis, fixando seis dias para a Criação, não só da Terra, mas do Universo inteiro: Sol, estrelas, Lua, etc., não tinha contado com a geologia e a astronomia; que Josué não contara com a lei da gravitação universal. Parece-me que o dogma da ressurreição da carne não contou com a química. É verdade que a química é uma ciência diabólica, como todas as que fazem ver claro onde queriam que se visse turvo. Mas, seja qual for a sua origem, ela nos ensina um coisa positiva: é que o corpo do homem, assim como todas as substâncias orgânicas animais e vegetais, é composto de elementos diversos, cujos princípios são o oxigênio, o hidrogênio, o azoto e o carbono. Ela ainda nos ensina – e notai que é um resultado da experiência – que com a morte esses elementos se dispersam e entram na composição de outros corpos, de sorte que, ao cabo de certo tempo, o corpo inteiro é absorvido. É ainda constatado que o terreno onde sobejam as matérias animais em decomposição são os mais férteis e é na vizinhança dos cemitérios que os incrédulos atribuem a fecundidade proverbial dos jardins dos senhores curas de aldeia. Suponhamos, então, senhor cura, que batatas sejam plantadas nas proximidades provenientes da decomposição do corpo do morto; essas batatas vão servir para engordar galinhas que, por sua vez, as comereis e as moléculas do corpo do indivíduo morto, e que não deixarão de ser dele, embora tenham passado

90 | Ricardo Orestes Forni

por intermediários. Então tereis em vós partes que pertenceram a outros. Ora, quando ressuscitardes ambos no dia do juízo, cada um com seu corpo, como fareis? Guardareis o que tendes do outro, ou o outro vos retomará o que lhe pertence? ou ainda tereis algo da batata ou da galinha? Pergunta no mínimo tão grave quanto a de saber se João Batista ressuscitará com o corpo de João ou o de Elias. Eu faço na mais simplicidade; mas julgai do embaraço se, como isto é certo, tendes em vós porções de centenas de indivíduos." (Kardec, *Revista Espírita*, 1863, mês de dezembro)

***

Ressurreição e reencarnação

A reencarnação fazia parte dos dogmas judaicos sob o nome de ressurreição; só os Saduceus, que pensavam que tudo acabava com a morte, não acreditavam nela. As ideias dos judeus sobre esse ponto, como sobre muitos outros, não estavam claramente definidas, porque não tinham senão noções vagas e incompletas sobre a alma e sua ligação com o corpo. Eles acreditavam que um homem que viveu podia reviver, sem se inteirarem com precisão da maneira pela qual o fato podia ocorrer; designavam pela palavra *ressurreição* o que o espiritismo, mais judiciosamente, chama reencarnação. Com efeito, a *ressurreição* supõe o retorno à vida do corpo que morreu, o que a ciência demonstra ser materialmente impossível, sobretudo quando os elementos desse corpo estão, desde há muito, dispersos e absorvidos. A reencarnação é o retorno da alma, ou espírito, à vida corporal, mas em um outro corpo novamente formado para ela, e que nada tem de comum com o antigo. A palavra *ressurreição* poderia, assim, se aplicar a Lázaro, mas não a Elias, o corpo de João não podia ser o de Elias, uma vez que se tinha visto João criança, e se conheciam seu pai e sua mãe. João podia, pois, ser Elias reencarnado, mas não *ressuscitado*. (O *Evangelho segundo o Espiritismo*, capítulo IV, item 4)

CAPÍTULO NOVE

O SONHO

O TEMPO FUGIA DE si mesmo no transcorrer inexorável das horas, dos dias, dos meses e dos anos. Maria Isabel se maravilhava a cada revelação com a qual entrava em contato em seu aprendizado no mundo espiritual. Obviamente que com os conceitos de vida após a morte que a religião que havia professado lhe ensinara, ela não tinha condições de compreender a maioria das coisas que via e dos ensinamentos que ouvia. Entretanto, a sua fé inabalável em Deus a amparava por onde caminhasse na companhia dos espíritos amigos que ela interpretava como sendo os "Mensageiros do Senhor"! E por crer firmemente no Criador, entregava-se sem titubear às orientações e esclarecimentos que recebia daqueles que a amparavam e esclareciam em seu retorno ao mundo espiritual. Não levantava barreiras dogmáticas provocadas pela fé religiosa que professara no mundo. Era um espírito aberto à aprendizagem. Os fatos que podia comprovar por si mesma eram irrefutáveis e a convenciam da nova realidade em que vivia e das leis que ali reinavam sem distorções provocadas pelos dogmas religiosos do mundo dos homens. Apesar de nunca lhe ter sido revelado enquanto na Terra aquela realidade muito diferente, não podia negá-la com todas as provas que estavam à sua disposição.

Espírito benevolente que havia atravessado as provas da existência mantendo sua fé inabalável no Criador, tudo era mais fácil para ela na aceitação daquelas leis que se apresentavam como uma opção concorde com a Bondade e a Misericórdia da Providência Divina. Nem um céu de idolatria entregue à preguiça, muito menos um inferno que seria a própria negação do Deus de amor sobre o qual falara Jesus e seus discípulos mais diretos. Trabalho, aprendizado, convite ao progresso e à participação na obra do Pai por mínimo que fosse a cota de cada um munido da boa vontade perante as novas possibilidades da vida que não cessava. Não duvidava diante de tudo que podia comprovar, mas aproveitava para aprender. Não lançava mão de dogmas ensinados no mundo dos homens tentando adaptar os fatos após a morte às interpretações das religiões do mundo, mas a branda aceitação da realidade que pululava diante dos sentidos na nova dimensão da vida. Raciocinava que devia respeitar tudo aquilo que era o mundo de Deus.

Maria Isabel tivera um retorno de paz ao mundo espiritual porque passara pela Terra cumprindo seus deveres diante da própria consciência que agora promovia a boa colheita da semeadura realizada entre os corações com os quais convivera em sua breve passagem pelo denominado "vale de lágrimas". Aliás, para ela agora a oportunidade de viver no mundo dos homens, era entendida como escola abençoada das almas que soubessem aproveitar as oportunidades de crescimento que a Misericórdia de Deus oferece a todos os Seus filhos de boa vontade. Essa paz que soubera cultivar quando tivera oportunidade de revoltar-se contra os obstáculos das lutas terrestres, se fazia uma sólida companhia na aceitação da nova realidade onde se adaptava de maneira não traumática. A fé em Deus sempre presente em sua vida no corpo, continuava com ela fora do veículo material permitindo-lhe o aprendizado e a adaptação à nova realidade. Mesmo visitada pela saudade dos entes queridos, continuava a acreditar em Deus e a confiar no reencontro certo com eles que de alguma forma aconteceria.

Naquela noite em que a lua se derramava indolentemente naquele rincão da Terra e as estrelas brincavam de se esconder no negro do firmamento, Maria Isabel visitava um lar. O seu antigo lar no mundo dos homens. Mais especificamente se encontrava no quarto de Kamila, após passar pelo quarto ocupado por Carlos Henrique que dormia profundamente após mais um dia de trabalho honesto na pequena empresa que conquistara às duras penas.

Adentrou o recinto simples dos meninos. Beijou-os com imenso amor. Eles também repousavam das obrigações do dia. Seu coração ansiava por ver Kamila e foi atraído para o ambiente da filha com a síndrome de

Down e que fora a sua grande preocupação ao avizinhar--se da morte física.

– Meu Deus! É Kamila! Mas vejo duas! Já está uma mocinha! Mas, por que duas? – indagou do espírito que a acompanhava nesse momento mágico de sua vida fora do corpo.

– A Kamila que dorme é o uniforme mortal proporcionado por nossos pais e que todos usamos na Terra Maria Isabel. A Kamila que você vê como a nós, é a forma imortal criada por Deus. – procurou explicar a entidade de maneira mais simples possível.

– E são as mesmas?

– Sim e não.

– Como assim? Não entendi!

– A Kamila que detém o corpo material é portadora de um problema mental. A Kamila imortal, não. Quando o corpo físico se acabar pelas leis biológicas, a Kamila espírito retornará ao seu estado normal sem a enfermidade com que se apresenta quando no corpo material. A patologia mental que o corpo detém, não será transferida para a nossa realidade da mesma maneira como a doença que vitimou o seu corpo, ficou com ele na Terra. Após a desencarnação ou morte como tantos erradamente dizem, Kamila retomará as condições de antes do seu ingresso no mundo físico.

– Meu Deus! Como tudo isso é maravilhoso!

– Maravilhoso será Maria Isabel, quando pudermos entender toda a grandiosidade do Criador. O que você contempla nesse momento é apenas a pequenina ponta da realidade imortal que se estende pela eternidade afora comprovando a justiça e a misericórdia de Deus.

– Posso abraçá-la?! Posso falar-lhe?!

– Sim, desde que não se entregue ao desequilíbrio para que não bombardeie o espírito desdobrado com vibrações desequilibrantes que o farão retornar imediatamente ao casulo de carne.

– E ela entenderá quem sou eu?

– Não, Maria Isabel. Não podemos esquecer que, ao acordar, Kamila estará num cérebro deficiente que não conseguirá traduzir o ocorrido de maneira plena. Além disso, você partiu do mundo material quando Kamila ainda era muito pequena e as lembranças dela sobre você não estão mais a nível consciente. As recordações, se ocorrerem, serão frustradas, mal traduzidas para o momento presente em que ela vive no corpo. Se fizermos por merecer novas oportunidades como essa, aos poucos Kamila conseguirá traduzir melhor os acontecimentos fora do corpo, nunca, porém de maneira plena. Não devemos abrigar a angústia em nossos corações. Coloquemo-nos nas mãos de Deus na certeza de que Ele sempre determina o melhor para todos nós. Mas, pode abraçá-la sem deixar-se levar pelas emoções não recomendáveis aos que creem realmente no Criador. Confie em Deus acima de tudo como tem feito em diversas situações da sua vida.

Maria Isabel envolveu a filha agradecendo ao Criador pela oportunidade desse primeiro reencontro depois de todos aqueles anos. Para controlar-se, mantinha-se sintonizada com a misericórdia divina que determinava que os laços de amor jamais fossem rompidos entre as criaturas. Beijou terna e longamente a filha desdobrada no interior do quarto. Kamila recebeu a energia positiva daquele contato inundado pelo amor e sorriu sem entender. Quando os amigos espirituais que a acompanhavam naquela visita ao antigo lar perceberam que as vibrações de Maria Isabel começavam a tender para emoções perigosas, convidaram-na ao retorno ao mundo espiritual.

– Devemos partir agora, Maria Isabel. Não vamos deixar que as emoções desequilibrem a beleza desse momento que poderão se repetir. Vamos partir agradecendo a Deus pelas bênçãos desse instante maravilhoso na vida de todos nós.

Maria Isabel compreendeu e aquiesceu ao convite, embora a sua vontade fosse nunca mais dali se retirar. Olhou longamente para a filha cujo espírito desdobrado permanecia ao lado do leito.

No café da manhã, Kamila, sempre muito estimulada por todos os familiares, estava à mesa junto ao pai.

– Papai? O senhor acendeu a luz do meu quarto ontem a noite?

– Eu não, minha filha. O papai estava cansado e dormiu a noite toda. Mas por que você pergunta?

– É que a noite eu pensei que alguém acendeu a luz porque estava tudo claro.

– Ah! Kamila! Você deve ter sonhado com os anjos, minha filha! Ninguém entrou no seu quarto e acendeu a luz!

– Mas eu vi a luz!

– Então, quando sonhar de novo, preste atenção para ver quem acendeu a luz, está certo, meu bem? – disse sorrindo das fantasias da filha e beijando-a com muito amor.

Nesse momento sentiu uma saudade muito grande do amor que a morte levara: Maria Isabel!

"Fico pensando, Bel, como seríamos completamente felizes se não estivesse faltando você entre nós!" – saiu pensando Carlos Henrique após despedir-se dos filhos em direção ao seu trabalho.

***

O QUE ENSINA O ESPIRITISMO:

FW – Poderia definir-nos quando um sonho é mera criação do nosso inconsciente, segundo a concepção freudiana, e quando se trata de clara influência ou intervivência com o mundo dos espíritos?

Os benfeitores espirituais nos explicam que não é fácil estabelecer o ponto de interação na vida de sonho, pelo qual fiquemos conscientizados do plano espiritual. Por enquanto, já que coletivamente não possuímos o necessário adestramento para o trato do assunto, o sonho, na maioria das vezes, é um campo nebuloso de impressões propriamente nossas registrando, por vezes, quase sempre de maneira simbólica os avisos e comunicados que os espíritos amigos nos queiram ou nos possam transmitir. Cremos que quando pudermos limpar a nossa mente de ideias e preconceitos, condicionamentos e pontos de vista pessoais, então teremos o pensamento semelhante a um espelho cristalino, habilitado a refletir com a segurança precisa, a palavra ou a imagem que nos são enviadas pelos amigos da vida maior." (Chico Xavier, *Lições de sabedoria*)

MENDES RIBEIRO:

Há alguma conexão entre o sonho e o espiritismo?

DIVALDO:

Sim. Existem várias formas de sonhos: os fisiológicos, os de natureza freudiana (os sonhos sexuais) e os de natureza espiritual. Quando o corpo dorme, o espírito se desprende parcialmente e vai aos lugares por que anela no estado de consciência ou que acalenta inconscientemente. Lá encontra espíritos, ouve narrações que lhe são transmitidas em clichês mentais, para a consciência, e depois volve ao corpo físico, podendo ou não recordar-se das experiências vividas. (*Elucidações espíritas*)

MENDES RIBEIRO:

Por que algumas pessoas sonham insistentemente com parentes desencarnados?

DIVALDO:

Estes parentes estão desejando manter contato com as pessoas queridas que ficaram. (*Elucidações espíritas*)

MENDES RIBEIRO:

Vamos aprofundar um pouco mais. O que se deve fazer para manter esse contato? Eu sonho constantemente com a pessoa com a qual realmente gostaria de me comunicar?

DIVALDO:

Predispondo-se intimamente. Antes de deitar-se, deve fazer uma meditação profunda e envolver-se num estado de receptividade, porque isto facilita ao espírito encarnado recordar-se das ocorrências. Em geral ele se comunica com outros espíritos, mas quando volta

O anjo da guarda | 101

ao corpo só tem clichês isolados, não possuindo a lembrança total. Se ele se predispuser e exercitar-se terá a reminiscência completa." (*Elucidações espíritas*)

401 – Durante o sono, a alma repousa como o corpo? (L.E.)

– Não, o espírito jamais está inativo. Durante o sono, os laços que o unem ao corpo se relaxam, e o corpo não necessita do espírito. Então ele percorre o espaço e entra em relação mais direta com os outros espíritos.

402 – Como podemos apreciar a liberdade do espírito durante o sono? (L.E.)

– Pelos sonhos. Crede, enquanto o corpo repousa, o espírito dispõe de mais faculdades do que na vigília. Tem o conhecimento do passado e, algumas vezes, previsão do futuro. Adquire maior energia e pode entrar em comunicação com os outros espíritos, seja neste mundo, seja em outro. Muitas vezes, dizes: Tive um sonho bizarro, um sonho horrível, mas que não tem nada de verossímil; enganas-te, é frequentemente uma lembrança dos lugares e das coisas que viste e verás em uma outra existência ou em um outro momento. Estando o corpo entorpecido, o espírito esforça-se por quebrar seus grilhões, procurando no passado e no futuro.

Pobres homens, que pouco conheceis os fenômenos mais simples da vida! Acreditai-vos sábios e vos embaraçais com as coisas mais vulgares. Ficais perturbados a esta pergunta de todas as crianças: que fazemos quando dormimos, e que é o sonho?

O sonho liberta, em parte, a alma do corpo. Quando se dorme, se está, momentaneamente, no estado em que o homem se encontra, de maneira fixa, depois da morte. Espíritos que se desligam logo da matéria, em sua morte tiveram sonhos inteligentes; estes, quando dormem, reúnem-se à sociedade de outros seres superiores a eles. Com eles, viajam, conversam e se instruem, trabalhando mesmo em obras que se encontram prontas quando morrem. Isto deve vos ensinar, uma vez mais, a não temer a morte, pois que morreis todos os dias, segundo a palavra de um santo. Isso para os espíritos elevados. Todavia, a massa dos homens que, na morte, deve ficar longas horas em perturbação, nessa incerteza da qual vos falaram, esses vão, seja para mundos inferiores à Terra, onde velhas afeições os evocam, seja a procurar os prazeres que podem ser mais inferiores que aqueles que têm aí. Eles vão haurir doutrinas ainda mais vis, mais ignóbeis, mais nocivas que as que professam em vosso meio. O que gera a simpatia sobre a Terra não é outra coisa que o fato de se sentirem ao despertar, ligados pelo coração, àqueles com quem vieram de passar oito ou nove horas de felicidade ou de prazer. Isso explica também as antipatias invencíveis, pois sabem no fundo do seu coração que essas pessoas de lá têm uma consciência diversa da nossa e a conhecem sem as ter visto jamais com os olhos. Explica, ainda, a indiferença, visto que não se deseja fazer novos amigos quando a gente sabe que existem outras pessoas que nos amam e nos querem. Em uma palavra, o sono influi mais do que pensais sobre vossa vida.

Pelo efeito do sono, os espíritos encarnados estão sempre em relacionamento com o mundo dos espíritos, e é isso que faz com que os espíritos superiores consintam, sem demasiada repulsa, em encarnarem entre vós. Quis Deus que durante o seu contato com o vício eles possam ir se renovar nas fontes do bem, para não falirem, eles que vêm instruir os outros. O sono é a porta que Deus lhes abriu até seus amigos do céu. É o recreio depois do trabalho, enquanto esperam a grande libertação final que deve devolvê-los ao seu verdadeiro dono.

O sonho é a lembrança do que vosso espírito viu durante o sono. Notai, porém, que não sonhais sempre porque não recordais sempre do que vistes, ou de tudo o que vistes. Vossa alma não está em pleno desdobramento. Não é, muitas vezes, senão a lembrança da perturbação que acompanha vossa partida ou vossa volta, à qual se junta a do que fizeste ou do que vos preocupou no estado de vigília. Sem isso, como explicareis esses sonhos absurdos que têm os sábios, assim como os mais simples? Os maus espíritos também se servem dos sonhos para atormentar as almas fracas e pusilânimes.

De resto, vereis dentro em pouco se desenrolar outra espécie de sonho, tão velha quanto a que conheceis, mas vós a ignorais. O sonho de Joana, o sonho de Jacob, o sonho dos profetas judeus e de alguns adivinhos indianos. Esse sonho é a lembrança da alma, inteiramente desligada do corpo, a lembrança dessa segunda vida de que sempre vos falo.

Procurai distinguir bem essas duas espécies de sonhos naqueles dos quais vos lembrais; sem isso, caireis em contradição e nos erros que serão funestos à vossa fé.

Os sonhos são o produto da emancipação da alma, que se torna mais independente pela suspensão da vida ativa e de relação. Daí uma espécie de clarividência indefinida que se estende aos lugares mais distantes, ou que jamais se viu e, algumas vezes, mesmo a outros mundos, assim como a lembrança que traz à memória os acontecimentos ocorridos na existência presente ou nas existências anteriores; a estranheza de imagens do que se passa ou se passou em mundos desconhecidos entremeadas de coisas do mundo atual, formam esses conjuntos bizarros e confusos que parecem não ter nem sentido, nem ligação.

A incoerência dos sonhos se explica, ainda, pelas lacunas que produz a lembrança incompleta do que nos apareceu em sonho. Tal seria uma narração à qual se tenha truncado frases ao acaso, ou parte de frases; os fragmentos restantes reunidos perderiam toda significação razoável.

403 – Por que não nos lembramos sempre dos sonhos? (L.E.)

– No que tu chamas de sono, só há o repouso do corpo, porque o espírito está sempre em movimento. Aí ele recobra um pouco de sua liberdade e se corresponde com aqueles que lhe são caros, seja neste mundo, seja em outros. Todavia, como o corpo é matéria pesada e grosseira, dificilmente conserva as impressões que o espírito recebeu, porque este não a recebeu pelos órgãos do corpo.

404 – Que pensar da significação atribuída aos sonhos? (L.E.)

– Os sonhos não são verdadeiros como entendem certos adivinhos, porque é absurdo crer-se que sonhar com tal coisa, anuncia tal coisa. Eles são verdadeiros no sentido de que apresentam imagens reais para o espírito, mas que, frequentemente, não têm relação com o que se passa na vida corporal. Muitas vezes, também, como já o dissemos, é uma lembrança e pode ser, enfim, algumas vezes, um pressentimento do futuro, se Deus o permite, ou a visão do que se passa nesse momento em outro lugar, para onde a alma se transporta. *Não tendes numerosos exemplos de pessoas que aparecem em sonho e vêm advertir seus parentes ou seus amigos do que lhes acontece?* Que são essas aparições senão a alma ou o espírito dessas pessoas que vêm comunicar-se com o vosso? Quando estais certos de que aquilo que vistes realmente se deu, não é uma prova de que a imaginação não tomou parte em nada, sobretudo se essa coisa não esteve de modo algum em vosso pensamento durante a vigília?" (destaque do autor)

CAPÍTULO DEZ

GRAVE PROBLEMA

A resignação dinâmica, isto é, a aceitação do problema com uma atitude corajosa de o enfrentar e remover-lhe a causa, representa passo para a sua solução.

Joanna de Ângelis (Divaldo P. Franco)
Elucidações psicológicas à luz do espiritismo

– BOM DIA, CARLOS. Estava ansiosa pela sua chegada! – era Sílvia, grande amiga de Maria Isabel e pessoa de total confiança dele na administração da microempresa que o casal possuía.

– Você parece preocupada, Sílvia. O que foi?

– É essa notificação do Fisco que acaba de chegar. O que pode ser, Carlos Henrique?

– Não tenho nenhuma noção, amiga. Temos o escritório de contabilidade que faz corretamente a escrita da empresa. Não posso imaginar o que seja.

108 | Ricardo Orestes Forni

Abriu o papel. Ficou pálido. Passou a mão pela testa e exclamou baixinho:

– Não pode ser, meu Deus!

– O que foi, Carlos?

– Uma ação de execução contra a empresa por falta de pagamento dos tributos devidos.

– Mas, Carlos! Todo mês repassamos para o escritório o valor correspondente aos tributos que eles calculam! Como executar a empresa por falta de pagamento?!

– Também não entendo, Sílvia. O pior é que tenho vários compromissos no período da manhã e não posso me dirigir à Agência Fiscal, agora, para me inteirar pessoalmente do que está ocorrendo! Mas o farei logo após o almoço. Enquanto isso, ligue para o contador responsável pela escrita da firma.

– Vou fazer melhor, Carlos. Vou pessoalmente até lá falar com ele – disse resoluta a amiga e secretária de confiança.

– Isso! Faça dessa forma. Preciso me acalmar para os compromissos inadiáveis que tenho agora. Afinal, os outros nada têm a ver com o que está acontecendo.

A manhã passou de forma angustiante, lenta e extremamente preocupante para Carlos Henrique. Não conseguia imaginar o motivo daquela situação grave. Repassava todos os meses infalivelmente os valores a serem pagos para o fisco! Como então, uma execução contra a empresa se pagava corretamente o que devia?

Terminados os negócios que tinha a acertar, procurou Sílvia antes de ir para casa almoçar. Na verdade, não tinha fome, mas precisava cuidar de Kamila. Ela precisava de sua presença. Por ela, precisava passar pelo lar no

O anjo da guarda | 109

horário do almoço. Antes, porém, queria uma resposta da secretária. Ligaria para Sílvia. Quem sabe o contador já não havia detectado o problema e apresentado as soluções para o caso?

– E aí, Sílvia? Foi até o escritório? – perguntou ansioso.

– Sim, Carlos – disse desanimada e extremamente preocupada do outro lado da linha telefônica.

– E então, o que disse o contador? Qual a explicação para esse absurdo?

– Ele não trabalha mais lá, Carlos. Desligou-se da firma há alguns meses.

– E não sabem para onde ele foi? Onde trabalha agora?

– Parece que ele deixou a cidade, meu amigo.

– Mas que coisa mais estranha, meu Deus! E no escritório? Ninguém pode dar informação nenhuma?

– Estão fazendo o levantamento da situação, Carlos. Em breve teremos notícias para toda essa confusão.

– Não fosse por Kamila, não teria nem vindo almoçar. Teria ido direto para a Agência Fiscal. Mas precisei passar em casa para almoçar com ela. Minha vida tem sido uma atenção constante para com essa menina. Graças aos estímulos que nunca faltaram, ela tem respondido bem às dificuldades que os problemas dela ocasionam.

– É verdade, Carlos. Você tem sido mãe e pai para os seus filhos. Isabel deve estar muito grata a você, meu amigo.

– Isabel está na paz do Senhor, Sílvia. Lá não existem mais os problemas da Terra!

– Mas quem ama não esquece os seres amados, Carlos.

– Por isso mesmo nos encontraremos no dia do juízo final na ressurreição da carne, amiga.

– Sabe, Carlos, tenho uma amiga espírita que diz...

– Sílvia! Me desculpe! Respeito todas as religiões. Afinal, somos livres para escolher. Mas não me venha com essas ideias, minha amiga.

– Só ia dizer que aqueles que partem não estão prisioneiros em algum lugar, mas continuam a buscar e amar aqueles que aqui ficaram, Carlos. O amor os atrai de volta para o nosso lado.

– Ora, Sílvia! Os que se foram para a paz do Senhor, como Isabel, estão livres dos problemas da existência. Esses problemas são nossos que aqui ficamos. Veja só: de que adiantaria Isabel saber dessa situação delicada que surgiu hoje com essa notificação da Agência Fiscal? Como ela poderia ajudar caso estivesse realmente ao nosso lado? Apenas sofreria conosco. Isabel já sofreu muito. Para ela já chega os problemas que enfrentou e o sofrimento que sentiu na sua própria carne. Somos nós que temos que resolver os problemas do mundo em que vivemos.

– Não sei...

– Pois então amiga, vamos tratar de resolver os problemas aqui da Terra! Enquanto não merecermos ir para o reino de Deus, sobram-nos as lutas, as dificuldades desse mundo que cabe a nós resolver.

– É admirável a sua fé e a sua força para lutar contra os problemas que enfrenta e já enfrentou, meu amigo.

– Não faço mais do que a minha obrigação, Sílvia. Quando me casei, por amor, com Maria Isabel como você sabe muito bem, estava aceitando lutar por ela e pelos nossos filhos. Então, tenho que fazer a minha parte já que ela não pode mais fazer a dela.

– E o seu coração, Carlos? Guarda o mesmo amor para com ela?

– Casamos para sempre, Sílvia! Você sabe que a minha religião prevê a eternidade do casamento entre duas pessoas que verdadeiramente se amam. Amo Maria Isabel a tal ponto que, apesar da falta que ela faz a mim e aos filhos, preferi ficar nesse mundo que é um vale de lágrimas no lugar dela, enquanto ela foi para a paz do Senhor! Isabel, hoje, é uma alma feliz porque nunca fez mal a ninguém. Partiu ainda muito cedo e através de sofrimentos terríveis como você bem sabe. Nada fez de mal para sofrer daquela maneira, mas testemunhou a sua fé perante o Senhor. Todos os que dão o seu testemunho, partem para o reino dos Céus onde ficam aguardando a ressurreição final para as glórias eternas.

– E segundo a sua opinião religiosa, para onde vão os maus? Aqueles que passaram pelo mundo prejudicando os outros?

– Aguardam o juízo final, Sílvia. O Senhor irá julgá-los. Aqueles que merecerem o perdão do Pai, serão salvos e aqueles que não obtiverem esse perdão, serão condenados aos sofrimentos do inferno.

– A conversa está agradável, Carlos, mas não vou retê-lo mais. Sei que está em casa para almoçar com Kamila e depois resolver o problema da empresa na Agência Fiscal. Deus te acompanhe e te dê forças, meu amigo.

Carlos partiu de sua residência em direção à Agência Fiscal. Kamila precisava dele como todos os outros dias, fossem quais fossem os problemas daquela manhã. Estava muito preocupado, principalmente porque não conseguia atinar com o motivo daquela situação. Destinara o dinheiro para os impostos todos os meses! Como poderia estar sendo executado se havia feito os pagamentos?

Porém, antes de sair, ainda à mesa de refeições com a filha, Kamila retornou ao assunto anterior:

– Papai! Acenderam a luz do meu quarto outra vez essa noite!

– Kamila, minha filha! Ninguém entrou em seu quarto, meu anjo! Você está sonhando com isso.

Percebendo que a filha tinha ficado sentida com a descrença dele, procurou corrigir:

– Você fez o que o papai pediu?

– O que papai?

– Ver se tinha alguém no quarto para saber quem está acendendo a luz ou se é só um sonho, meu bem?

– Não tinha ninguém, só a luz!

– Viu só? Então você está sonhando, Kamila. Se alguém tivesse entrado e acendido a luz, você teria visto a pessoa.

Kamila ficou quieta. Após deglutir uma porção do alimento, falou novamente:

– A luz me levou passear, papai!

– Como assim, minha filha?! A luz é só uma luz! Não é uma pessoa que leva outra para algum lugar, para algum passeio! Você entende, meu bem?

– Mas a luz me levou passear no parque, papai.

– Que parque Kamila?

– Um parque bonito, papai. Tinha muitas flores! E também muito perfume! Tinha até borboletas lindas!

– Ah! Meu amor! Quanto sonho bom nessa sua cabecinha! E você não sabe onde fica esse lugar? Você, por acaso, já foi a algum lugar igual a esse?

O anjo da guarda | 113

– Não papai, nunca vi um lugar tão bonito assim!

– Alguém segurava em sua mão? Como você foi até esse lugar, filha? Andando? De carro? De que forma?

– A luz me levou papai!

– Mas luz não é gente, Kamila! Se isso fosse verdade e não um sonho, alguém deveria ter levado você passear nesse lugar.

– Não. Ninguém me levou. Só a luz!

– Isso prova, filha, que é um sonho. Você sonhou com um lugar bonito, mas não esteve lá. Foi um sonho como o papai está tentando explicar. Foi o seu sonho que levou você para esse lugar.

Kamila não respondeu. Mas tinha certeza que estivera naquele lugar em companhia da luz! Enquanto isso, Carlos Henrique começava a se preocupar com esses sonhos da filha. "Será que o problema mental dela estava se agravando? Se continuasse a insistir com aquele assunto, procuraria um médico para ela. Entretanto, o momento era o de resolver o problema mais grave relativo a sua microempresa que estava sob grave ameaça e representava o ganha pão da família."

***

O QUE ENSINA O ESPIRITISMO:

973 – Quais são os maiores sofrimentos que podem suportar os maus espíritos? (L.E.)

– Não há descrição possível das torturas morais que são a punição de certos crimes. Mesmo os que as experimentam teriam dificuldades em vos dar uma ideia delas. Mas, seguramente, a mais horrível é o pensamento de serem condenados para sempre.

O homem faz das penas e dos gozos da alma depois da morte uma ideia mais ou menos elevada, segundo o estado de sua inteligência. Quanto mais ele se desenvolve, mais essa ideia se depura e se liberta da matéria. Ele compreende as coisas sob um ponto de vista mais racional e deixa de prender à letra as imagens de uma linguagem figurada. A razão mais esclarecida, nos ensinando que a alma é um ser todo espiritual, nos diz, por isso mesmo, que ela não pode ser afetada pelas impressões que não agem senão sobre a matéria. Mas não se segue disso que esteja isenta de sofrimentos, nem que não receba a punição de suas faltas.

As comunicações espíritas têm por resultado nos mostrar o estado futuro da alma, não mais como uma teoria, mas como uma realidade. Elas colocam sob nossos olhos todas as peripécias da vida de além-túmulo. Mas no-las mostram ao mesmo tempo como consequências perfeitamente lógicas da vida terrestre, e, ainda que liberto do aparelho fantástico criado pela imaginação dos homens, elas não são menos penosas para aqueles que fizeram mau uso de suas faculdades. A diversidade dessas consequências é infinita, mas pode-se dizer em tese geral: cada um é punido naquilo em que pecou. É assim que uns o são pela visão incessante do mal que fizeram, outros pelos desgostos, pelo medo, pela vergonha, pela dúvida, pelo isolamento, pelas trevas, pela separação dos seres que lhe são caros, etc.

974 – Qual a origem da doutrina do fogo eterno? (L.E.)

– Imagem, como tantas outras coisas, tomadas pela realidade.

O anjo da guarda | 115

1011 – Um lugar circunscrito no Universo está destinado às penas e aos gozos dos espíritos, segundo seus méritos? (L.E.)

– Já respondemos a essa questão. As penas e os gozos são inerentes ao grau de perfeição dos Espíritos. Cada um possui em si mesmo o princípio de sua própria felicidade ou infelicidade, e como eles estão por toda a parte, nenhum lugar circunscrito, nem fechado, não está destinado a um antes que a outro. Quanto aos espíritos encarnados, são mais ou menos felizes ou infelizes, conforme o mundo que eles habitem mais ou menos avançado.

– Segundo isso, o inferno e o paraíso não existiriam tal como o homem o representa?

– Não são senão figuras: Há por toda parte espíritos felizes e infelizes. Entretanto, como também já o dissemos, os espíritos de uma mesma ordem se reúnem por simpatia; mas podem se reunir onde querem, quando são perfeitos.

A localização absoluta dos lugares de penas e recompensas não existe senão na imaginação do homem. Provém da tendência a materializar e a circunscrever as coisas das quais eles não podem compreender a essência infinita.

1012 – Que se deve entender pelo purgatório? (L.E.)

– Dores físicas e morais: é o tempo da expiação. Quase sempre é sobre a Terra que fazeis vosso purgatório e que Deus vos faz expiar vossas faltas.

O que o homem chama purgatório é também uma figura pela qual se deve entender, não um lugar determinado qualquer, mas o estado dos espíritos imperfeitos que estão em expiação até a purificação

completa que os deve elevar ao nível dos espíritos bem-
-aventurados. Essa purificação operando-se nas diversas encarnações, o purgatório consiste nas provas da vida corporal.

1014 – Em que sentido se deve entender a palavra céu? (L.E.)

– Crês que ele seja um lugar, como os Campos Elíseos dos antigos, onde todos os bons espíritos são amontoados desordenadamente sem outro cuidado que o de gozar pela eternidade uma felicidade passiva? Não, é o espaço universal, onde os espíritos gozam de todas as suas faculdades sem ter as atribulações da vida material, nem as angústias inerentes à inferioridade.

CAPÍTULO ONZE

A DESONESTIDADE

Desenvolvido, o espiritismo deve ser e será a consolação
e a esperança dos corações estigmatizados pela justiça
humana.

Allan Kardec,
Revista Espírita, ano 1860

– POIS É, SENHOR CARLOS HENRIQUE! Conforme registros
em nossos sistemas, sua microempresa tem esse montan-
te elevado para com o Fisco.

– Mas todos os meses depositei nas mãos do meu
contador o dinheiro para pagamento de todas as despesas da firma!

– O senhor, então, deve procurá-lo e exigir os comprovantes de pagamento e apresentá-los. Há um prazo
para isso. O seu caso não é o primeiro e torça para que

ele tenha um desfecho diferente dos demais que por aqui passaram.

– O que estou achando estranho é que esse contador não trabalha mais no escritório que faz nossa escrita.

– Sinto muito, senhor. Sem comprovar que os pagamentos foram realizados, o senhor será executado nos termos da lei.

Carlos pensava que estava mergulhado em um sonho mau, em um pesadelo. Enquanto Kamila tinha sonhos agradáveis, ele vivia esse sonho angustiante. Retirou-se e procurou pela secretária e amiga Sílvia.

– Estive na Agência Fiscal, e o débito realmente existe e é altíssimo para as nossas posses. Onde foi parar o dinheiro que todos os meses, religiosamente, eu disponibilizei para o pagamento das obrigações da microempresa, meu Deus? E esse contador que desapareceu? Será que?...

– Também já pensei nessa hipótese, Carlos Henrique. Se você entregou o dinheiro e a dívida não foi paga, então...

– Ele desviou o dinheiro para o próprio bolso! Mas pode existir uma pessoa assim nesse mundo?!

– Infelizmente, pode, Carlos. E não são poucos. Aliás, ser honesto nos tempos atuais exige uma grande convicção! Geralmente o ser humano faz opção pela desonestidade porque é um caminho aparentemente mais fácil. Traz lucros imediatos! A imprensa não divulga os fatos de corrupções e corruptores? Pois então! E isso é o que nós ficamos sabendo. Fora aquilo que não é descoberto ou não é divulgado!

– Mas justo conosco que trabalhamos honestamente?! Se o ser humano acreditasse realmente em Deus não agiria dessa forma. Entenderia que um dia vai prestar contas do que faz aqui no mundo dos homens!

– O desonesto visa o dinheiro e não cogita no dia do amanhã. Muito menos da própria morte e a devida prestação de contas do outro lado da vida e da existência de Deus! O lucro imediato fala mais alto! Escapando da justiça dos homens, o desonesto acredita que tudo está resolvido, Carlos.

– E não sabem o paradeiro desse homem? Para onde ele foi? Se ainda está na cidade?

– No escritório não sabem, Carlos Henrique. E de que adiantaria? Se ele é esse tipo de mau caráter, já deve ter gastado tudo o que roubou. Além disso, qual a prova que você teria contra ele? Ele assinava algum recibo do dinheiro que lhe entregava? E caso assinasse, como provar para qual finalidade o dinheiro era destinado, Carlos?

– Estou perdido, Sílvia! Cinco filhos para criar sendo um deficiente mental e agora perco tudo o que levei anos construindo com muito suor honesto como você bem sabe!

– Procure um advogado, Carlos. Veja se existe algum recurso.

– O único recurso seria ter dinheiro para pagar o que o contador não pagou durante todos esses anos. Não existe outro. Ou apresentar os recibos dos pagamentos, o que não existe. Como Deus pode ter criado uma pessoa com esse caráter?

– Desculpe, Carlos. Deus nos criou a todos para o bem. Nós é que nos desviamos no mundo diante das tentações. O propósito de Deus é desvirtuado pelas ambições dos homens que se entregam aos valores do mundo, meu amigo!

120 | Ricardo Orestes Forni

– É. Você tem razão. É que estou desorientado pensando no que farei com esses cinco filhos para sustentar!
– Você sempre foi honesto. Ele achará alguma forma para socorrê-lo, Carlos.
– Só Ele me ajudando Sílvia, porque eu não tenho como fazer nada! Aliás, estou tão aturdido que não tenho nenhuma ideia do que fazer, por onde começar para remediar essa situação, caso ela realmente se concretize com a execução da microempresa!
Ficou um tempo curto calado e continuou:
– Kamila agora está insistindo que à noite entram no seu quarto e acendem a luz. Imagine você!
– Como assim?! Quem poderia fazer isso?!
– Está sonhando e fantasiando o sonho. É a única explicação. Como se não bastasse, hoje mesmo disse que a levaram para passear num parque muito bonito, cheio de flores. Veja só!
– Mas quem a levou?
– Já fiz essa pergunta e ela responde que é a luz.
– A luz?! Mas que luz?!
– E eu é que sei?! É Sílvia! Estou preocupado que ela esteja agravando o seu quadro mental! Como ela já tem a deficiência característica da síndrome, não tenho condições de argumentar muito para fazê-la entender que isso tudo não faz sentido!
– Já pensou em levá-la ao médico para uma avaliação?
– Sim. Assim que esse pesadelo da empresa passar, se sobrar alguma coisa de mim, eu a levarei. Ah! Se Maria Isabel soubesse a falta que está nos fazendo!...
Sílvia abraçou o amigo procurando dar-lhe forças.
– Precisamos reunir os poucos funcionários

para que se interem da situação, Sílvia. Todos ficarão desempregados!

– Marcaremos uma reunião o mais urgente possível, meu amigo.

– Enquanto isso irei consultar um advogado especializado na área para ver se cabe algum recurso, embora não creia nessa possibilidade. Pelo menos foi o que me informaram na Agência Fiscal! Ou apresento a prova de que paguei, ou...

Despediram-se depois de um longo e fraterno abraço em que um desejava transmitir para o outro toda a força que o mundo tivesse para oferecer.

– Papai! – era Kamila na manhã seguinte na mesa do café.

– Sim, meu bem. O que foi?

– Na água agitada é preciso usar o remo da fé.

– O quê, filha?! Desculpe. O papai não entendeu.

– Na água agitada é preciso usar o remo da fé.

– Meu Deus! – pensou Carlos. – O que está acontecendo com essa menina?! Você leu a Bíblia ontem à noite antes de dormir, como o papai ensinou? Foi lá que você leu o que está repetindo para mim, meu bem?

– Não, papai.

– Então por que está dizendo isso, meu amor? De onde você tirou essas palavras, Kamila?! Pensei que estava lendo a Bíblia, minha filha!

– Não fui eu, papai. Foi a luz.

– Meu Deus! – pronunciou Carlos Henrique não segurando as palavras.

Após assumir o controle de si mesmo, retornou a conversa com a filha:

122 | Ricardo Orestes Forni

– Foram as palavras de Deus que ensinaram que no mar de águas agitadas não podemos perder a nossa fé filha, porque nosso Deus está sempre ao nosso lado. Entendeu o que o papai está perguntando para você, meu bem? Foi na Bíblia que você leu isso?

– Não, foi a luz! A luz então aprendeu com Ele, papai?

– Kamila, papai não sabe quem é ou o quê é essa luz da qual você fala, meu bem!

– Eu já expliquei: a luz de noite no meu quarto! Quem acende a luz?

– Kamila, o papai vai te explicar de novo, preste atenção: ninguém entra no seu quarto à noite e acende a luz. Você está sonhando, minha filha. Não existe luz nenhuma!

– Mas essa noite passada a luz falou sobre a água agitada e a fé, papai. Não estou mentindo! – disse Kamila demonstrando sinais de nervosismo ao se ver desacreditada pelo pai.

– Eu sei que você não mente, filha. Não foi isso que o papai quis dizer, meu bem! Eu amo você e nunca acharia que você mentiria para o papai. Só estou tentando explicar para você que ninguém entra à noite em seu quarto e acende a luz, Kamila! Se acalma, meu amor! O papai só não está conseguindo entender de que luz é essa da qual você fala. Só isso.

– Mas eu já falei! A luz entra no meu quarto à noite!

– Foi essa luz que levou você a passear no bosque bonito?

– É essa mesmo – respondeu alegre a menina ao ver que o pai estava entendendo melhor a sua história.

– E não consegue ver ninguém? Essa "luz" não é

O anjo da guarda | 123

nenhuma das suas amiguinhas que estudam com você na escola?

– Não. A luz é a luz. Não é ninguém.

– Mas ela fala com você, minha filha?

– Fala! Foi a luz quem mandou eu falar para você sobre a água agitada e a fé.

– E como essa luz fala, Kamila? – indagou Carlos procurando colher mais dados que pudessem orientá-lo no comprometimento mental da filha e na sua decisão de procurar um médico para ela.

– Não sei. Eu escuto a voz. A voz sai da luz!

– E não vê ninguém?

– Não. Só a luz!

– Só me faltava mais essa! – disse Carlos num sussurro. "Essa menina está delirando. Não vê nada e ouve vozes! E acredita que acendem a luz do quarto à noite. Ah! Isabel! Quanta falta você está nos fazendo!..."

***

O QUE ENSINA O ESPIRITISMO:

413 – Do princípio da emancipação da alma durante o sono, parece resultar que temos uma dupla e simultânea existência: a do corpo que nos dá a vida de relação exterior e a da alma que nos dá a vida de relação oculta; isto é exato? (L.E.)

– No estado de emancipação, a vida do corpo cede lugar à vida da alma; mas não são, propriamente falando, duas existências: são mais duas fases da mesma existência, porque o homem não vive duplamente.

414 – Duas pessoas que se conhecem podem se visitar durante o sono? (L.E.)

– Sim, e muitas outras que creem não se conhecerem, se reúnem e conversam. Podes ter, sem disso suspeitar, amigos em outro país. O fato de ir ver, durante o sono, os amigos, os parentes, os conhecidos, as pessoas que vos podem ser úteis, é tão frequente que o fazeis quase todas as noites.

CAPÍTULO DOZE

O COMENTÁRIO DE SÍLVIA

Existem mais coisas entre o céu e a terra do que sonha
a nossa vã filosofia.

Willian Shakespeare

CARLOS HENRIQUE ESTAVA deitado em sua cama naquela
noite de notícia trágica para a sua microempresa. Não
conseguia conciliar o sono. Sua mente era inundada por
vários questionamentos. "Como iria sustentar a família?
Cinco filhos, sendo que um deles com grave problema
mental! Sempre agira com honestidade. Nunca sonega-
ra impostos. O desonesto do homem em quem confiara
o pagamento de suas obrigações financeiras, lançara-o
naquela situação onde todo o seu trabalho de anos estava condenado. Os funcionários que com ele trabalha-
vam também perderiam o emprego. Só acontecimentos

lamentáveis ocasionados pela atitude desonesta de uma única pessoa: o contador! E tudo por dinheiro que parece mandar no coração de determinados homens. Como um ser criado por Deus podia tomar uma conduta que desonrava o título de filho d'Ele? Uma atitude daquelas era a negativa do amor ao semelhante, a si mesmo e ao próprio Criador. Não era isso que determinava o primeiro de todos os mandamentos? Amor a Deus e ao próximo? O que iria fazer para ganhar o pão que seus filhos necessitavam?" Virava-se de um lado para outro no leito como se buscasse o sono perdido em algum lugar. Nisso, Kamila passou diante da porta e desejou-lhe boa noite.

– Kamila, meu bem. Venha até aqui e dê um beijo no papai.

– Oi, papai – disse a menina aproximando-se do leito e depositando um beijo em uma das faces de Carlos Henrique.

– Papai tem a chave do seu quarto. Tranque a porta por dentro para que ninguém possa entrar e acender a luz como você acha que está acontecendo, filha. Desse jeito você verá que, em realidade, você está sonhando com tudo isso que você pensa ver e ouvir. Que os anjos durmam com você essa noite e sempre. Durma em paz, minha filha! – completou o pai após receber o beijo da filha.

Kamila apanhou a chave dirigindo-se para o quarto cantarolando uma de suas canções preferidas que aprendera com as amigas na escola.

Depois de uma noite maldormida pelas graves preocupações que lhe assaltavam a mente, Carlos dirigiu-se à mesa para o café da manhã com a filha. Os meninos tinham se acostumado, após a perda da mãe, a ser mais independentes e já tinham saído para a escola deixando mais tempo para o pai e a irmã.

– E então, dormiu bem, filha?

– A luz estava de novo no quarto papai.

– Mas, filha, o papai não deu a você a chave da porta do quarto?

– Deu. Mas a luz entrou lá de novo.

– Filha. Ninguém atravessa a parede! Como pode ter entrado alguém em seu quarto se a porta estava fechada?!

– Não sei. E a luz falou de novo.

– Kamila, minha filha, a luz não é gente! Não fala!

– Mas ela falou. Eu ouvi!

– E essa "luz" levou você de novo a algum lugar? – perguntou o pai na tentativa de compreender melhor o sonho da filha, ao mesmo tempo em que sondava o comprometimento mental da menina com essa história da tal "luz" que aparecia no quarto durante a noite.

– Levou em outro lugar bonito, papai!

– Foi lá que ela falou com você?

– Não. Foi no quarto. Antes de ir embora.

– E o que ela disse, Kamila?

– Que é a hora do testemunho.

– Filha, você entendeu o que isso quer dizer?

– Não, papai. Foi a luz que falou.

– Falou para quem, Kamila?!

– Para mim. Só tinha eu no quarto!

– E você não entendeu o que essa tal de luz quis dizer, não foi?

– Não, papai.

Carlos passou a mão direita sobre a sua cabeça onde os cabelos pretos já começavam a adquirir a coloração branca. Acompanhou a filha até a escola e retornou ao seu local de trabalho para a reunião agendada com os demais funcionários para expor a situação da microempresa.

– Carlos, está com um ar de cansado! Não dormiu à noite devido às preocupações, não é?

Eram observações de Sílvia, amiga atenta e preocupada com ele.

– Nem poderia ser diferente, não é Sílvia?

– Com toda a razão, amigo!

– Não bastasse esse problema, pelo que vejo, sem solução da empresa, Kamila continua com aquela conversa sobre a tal da "luz". Estou ficando preocupado!

– Voltou a tocar no assunto?

– Hoje pela manhã, novamente. O pior é que ontem à noite, dei para ela a chave e pedi que trancasse a porta para que ninguém entrasse e acendesse a luz do seu quarto para ver se a convencia de que tudo não passa de um sonho.

– Mas, Carlos Henrique! Essa conversa da Kamila está perturbando você! Onde já se viu dar a chave para a menina se trancar no quarto?! E se ela não consegue depois abrir a porta?

– Tenho uma outra cópia da chave, minha amiga. Também não estou tão mal assim, não é?

– Mas você não acredita que alguém está entrando mesmo no quarto, não é?

– Claro que não, Sílvia! Pelo jeito você está desconfiando da minha sanidade mental! Fiz isso para convencer a Kamila e ver se ela parava com a tal conversa.

– Estou preocupada com você porque vejo que esse

O anjo da guarda | 129

assunto da tal "luz" o está preocupando muito. E pelo jeito não adiantou nada a chave! Kamila continua a falar sobre o mesmo assunto como se alguém entrasse realmente no quarto à noite!

– Pois é! Hoje de manhã veio com outra frase que, segundo ela, foi dita pela tal "luz": "é a hora do testemunho!" Mas veja só! Não é para ficar preocupado?!

Esperou algum comentário da amiga, mas como ele não surgisse, voltou ao assunto:

– Muito estranho, Sílvia. Kamila não tem a mínima noção do que está falando! Não entende o significado do que diz!

– O que ela disse da primeira vez mesmo?

– Falou que na água agitada é preciso usar o remo da fé. Veja só! Ela não entende o que está dizendo! Repete palavras que não compreende como se alguém as tivesse dito a ela!

– E agora – complementou Sílvia – que é a hora do testemunho?...

– Pois é!

– Carlos Henrique, me passou uma ideia pela cabeça. Se escrevermos as duas frases no papel, vamos ver que o sentido delas se encaixa.

– Sílvia, basta a minha filha! Agora vem você tentando colocar lógica nessa maluquice toda? Se encaixam em quê? Onde? Como? Por quê?

– Não, não é isso. Me parece que é uma mensagem para você, Carlos. Estamos nessa situação desesperadora com a firma e as duas frases fazem sentido. Ter fé na hora das águas agitadas como agora e, ao mesmo tempo, é hora de testemunhar sua fé em Deus! Não faz sentido?

– Sílvia! Vou ter que levar Kamila e você ao médico!

– Pense bem, Carlos Henrique! As frases não se encaixam no momento em que estamos vivendo diante dessa tragédia com a empresa?

– Sílvia, se você encontrou lógica nas duas frases, quem poderia estar construindo essa lógica?! Minha filha tem a síndrome de Down como bem sabe! Você acredita que ela tem raciocínio suficiente para essa elaboração? Você acha que teria inteligência para me dizer palavras de consolo e orientação dessa natureza?

– É! Fica difícil de entender realmente.

De repente, estalou os dedos e disse triunfante:

– Já sei, Carlos Henrique! São palavras que ela ouviu em alguma pregação no templo religioso que vocês frequentam!

– Isso tem mais lógica. Mas ela teima em dizer que quem fala o que ela repete, é essa tal "luz" que aparece no quarto dela à noite!

– Aí já não sei explicar, mas que tem que ter uma explicação, tem! De algum lugar, de alguma forma, Kamila está repetindo o que ouve!...

***

O QUE ENSINA O ESPIRITISMO:

Resta agora a questão de saber se o espírito pode se comunicar com o homem, quer dizer, se pode trocar pensamentos com ele. E por que não? O que é o homem senão um espírito aprisionado em um corpo? Por que o espírito livre não poderia se comunicar com o es-

O anjo da guarda | 131

pírito cativo, como o homem livre com o que está aprisionado? Desde que admitais a sobrevivência da alma, é racional não admitir a sobrevivência das afeições? Uma vez que as almas estão por toda parte, não é natural pensar que a de um ser que nos amou durante a vida venha para perto de nós, que deseja se comunicar conosco e que se sirva, para isso, dos meios que estão à sua disposição? Durante a sua vida não agia sobre a matéria do seu corpo? Não era ela quem lhe dirigia os movimentos? Por que, pois, após a morte, de acordo com um outro espírito ligado ao corpo, não emprestaria esse corpo vivo para manifestar seu pensamento, como um mudo pode se servir de um falante para se fazer compreender?

Façamos, por um instante, abstração dos fatos que, para nós, tornam a coisa incontestável; admitamo-la a título de simples negação, porque sua opinião não pode fazer lei, mas por razões peremptórias, que isso não é possível. Nós nos colocamos no seu terreno, e uma vez que querem apreciar os fatos espíritas com a ajuda das leis da matéria, que tomem, pois, nesse arsenal, alguma demonstração matemática, física, química, mecânica, fisiológica, e provem por **a** mais **b**, sempre partindo do princípio da existência e da sobrevivência da alma:

1º   Que o ser que pensa em nós durante a vida, não deve mais pensar após a morte.

2.º   Que, se pensa, não deve mais pensar naqueles que amou.

3.º   Que se pensa naqueles que amou, não deve mais querer se comunicar com eles.

4.º   Que, se pode estar por toda a parte, não pode estar ao nosso lado.

5.º Que, se está ao nosso lado, não pode se comunicar conosco.

Quando os adversários do Espiritismo nos tiverem demonstrado que isso não é possível, por razões tão patentes como aquelas pelas quais Galileu demonstrou que não é o Sol que gira ao redor da Terra, então poderemos dizer que suas dúvidas são fundadas; infelizmente, até este dia, toda a sua argumentação se resume nestas palavras: Eu não creio, portanto, isso é impossível. Eles nos dirão, sem dúvida, que cabe a nós provar a realidade das manifestações; nós as provamos pelos fatos e pelo raciocínio; se eles não admitem nem um nem outro, se negam o que veem, cabe a eles provarem que o nosso raciocínio é falso e que os fatos são impossíveis. (O *Livro dos Médiuns*, capítulo I)

As comunicações instrutivas são as comunicações sérias que têm por objeto principal um ensinamento qualquer, dado pelos Espíritos, sobre as ciências, a moral, a filosofia, etc. Elas são mais ou menos profundas segundo o grau de elevação e de desmaterialização do espírito. Para retirar dessas comunicações um fruto real, é preciso que sejam regulares e continuadas com perseverança. Os espíritos sérios se ligam àqueles que querem se instruir e os secundam, enquanto que deixam aos espíritos levianos o encargo de divertirem aqueles que não veem nas manifestações senão uma distração passageira. É apenas pela regularidade e frequência dessas comunicações, que se pode apreciar o valor moral e intelectual dos espíritos com os quais se conversa e o grau de confiança que merecem. (O *Livro dos Médiuns*, capítulo X)

CAPÍTULO TREZE

A AMARGURA SE CONFIRMA

> Pode situar-se em reminiscências inconscientes de re-
> encarnações passadas a causa da amargura, em forma de
> melancolia, saudade ou tristeza, ou pode encontrar-se na
> atual existência como efeito de traumas da infância, pre-
> sença da imagem do pai ou da mãe dominadores, efeito
> de castrações pelo medo, da submissão imposta, de outros
> conflitos que remanescem como agentes que lhe são pro-
> piciadores. (...)
>
> **Joanna de Ângelis (Divaldo P. Franco)**
> *Elucidações psicológicas à luz do espiritismo*

CARLOS ESTAVA DE CORAÇÃO amargurado. O advogado consultado sobre a situação da microempresa nada
pôde fazer em virtude da falta dos comprovantes dos
pagamentos devidos ao Fisco. Porém, a amargura não
era acompanhada pela revolta contra a vida ou contra

os desígnios da Providência Divina. Nesses momentos de dificuldades maiores, as saudades de Isabel se fazia mais presente. Com ela ao seu lado, tudo seria mais fácil de ser suportado. A solução para o problema seria encontrada de maneira mais segura. Não conseguia afastar a angústia perante o fechamento da microempresa que proporcionava o sustento seu e dos cinco filhos. Da mesma forma, a mágoa pela maneira como tudo acontecera encontrava abrigo em seu coração. Não se conformava com a desonestidade da pessoa em quem tanto confiara. Todos os meses destinara a quantia de dinheiro para os recolhimentos fiscais devidos. Até que as palavras inocentes de Kamila faziam sentido. O barco de sua existência navegava por águas extremamente agitadas requerendo muita fé em Deus para a aceitação dos problemas. Da mesma forma a afirmação da filha que era hora do testemunho também tinha sentido. A única coisa que não fazia nenhum sentido era a forma como essas frases soltas tinham surgido: à noite, a "luz", o quarto em silêncio. Não! Não tinha nenhum sentido, nenhuma explicação válida.

Sentara-se à mesa para o almoço com os filhos. Olhava para os cinco e seu coração se apertava de angústia. Como iria fazer para sustentar seu lar? "Ah! Maria Isabel! Se pelo menos você estivesse ao meu lado com as palavras de bom ânimo como sempre fazia! Uma frase de carinho, de fé em Deus!" – remoía em silêncio.

Os meninos foram acabando suas refeições e retirando-se da mesa. Kamila era a mais lenta nas refeições devido à dificuldade na mastigação e deglutição dos ali-

O anjo da guarda | 135

mentos. Olhava para ela extremamente preocupado com a sua situação financeira e a dos filhos totalmente dependentes dele ainda. Inesperadamente Kamila falou:

– Papai. A luz...

– Meu Deus! De novo?! – disse em tom audível para a filha.

– O que foi, papai? – perguntou ela assustada com as palavras do pai.

– Desculpe, filha. O papai estava pensando em voz alta. O que você ia dizendo mesmo? Conte que eu quero ficar sabendo mais dessa "luz"! – quem sabe fingindo acreditar no assunto, ela parasse com aquela história, raciocinava.

– A luz.

– Kamila! Ninguém entrou no seu quarto! O papai não te deu a chave da porta para você trancar? Então! Ninguém acendeu a luz filha!

– A mulher!

– Que mulher, Kamila?

– Saiu de dentro da luz!

– Ah! Agora tem uma pessoa? Antes não tinha ninguém! Bom! Agora está melhorando! Já tem alguém – disse para si mesmo.

– É. A mulher saiu de dentro da luz!

– E quem é ela, Kamila? Alguma amiga ou pessoa que conhece ou que o papai conhece, filha?

– Não. Não conheço.

– Não é alguém lá de nossa igreja? – colocou Carlos lembrando-se da observação de Sílvia que a filha, talvez, estivesse repetindo frases escutadas naquele local.

– Não. E ela falou de você, papai!

136 | Ricardo Orestes Forni

– De mim?! Meu Deus! O que será que vem pela frente?! – resmungou baixinho sem que a filha percebesse.

– É. Disse que vinha para ajudar você.

Carlos Henrique sorriu devido ao rumo que aquilo tudo estava tomando.

– E como ela poderia ajudar o papai, minha filha? Bem que estou precisando de ajuda. De muita ajuda!

– Ela repetiu várias vezes: "aula particular, aula particular!"

– Kamila, minha filha, o papai vai levar você no seu médico, que a atende desde que você nasceu, para ver se está tudo bem, está bom? Está na época de fazer a sua visita ao doutor. Ele gosta muito de você. Quase igual ao papai.

– Mas eu estou comendo bem, papai!

– Eu sei, filha. É só para ver se está tudo bem, meu bem.

Se assim planejou, melhor realizou e no dia seguinte Carlos Henrique expunha ao médico suas preocupações com as afirmativas da filha sobre a "luz" e agora a tal mulher que passara a ver.

– Sabe, Carlos. Pedirei alguns exames para Kamila, mas não vejo nada errado com ela fisicamente falando. Vamos aguardar. Dependendo dos resultados, orientarei você para um psicólogo da minha confiança. Se existe algum problema, ele deve ser de origem psicológica. Por algum motivo Kamila está inventando essas histórias que, compreensivelmente, têm trazido preocupação a você. Ela tem recebido muito apoio dentro do seu lar, da sua parte e da parte dos irmãos. Mas aqueles que apresentam a síndrome de Down, em um determinado momento da sua vida podem requerer um apoio além do médico que os acompanha desde o nascimento. Um pedagogo ou um psicólogo. Vamos ver. Por enquanto, não existem razões para se preocupar em demasia. Acompanho Kamila desde o seu nascimento e perceberia se alguma coisa mais grave estivesse acontecendo com ela. Mas não vejo nada de alarmante. Pode ficar tranquilo.

– Tem que existir alguma coisa errada nessa atitude de minha filha, doutor! Ela insiste nessa história da "luz", das frases e, por fim, essa mulher que diz estar vendo e mandando dizer coisas! Era só o que me faltava!

– Fique tranquilo. O psicólogo do qual lhe falei saberá chegar a uma solução para essa atitude da nossa Kamila, caso isso seja necessário. Retorne com ela daqui a uma semana para reavaliarmos tudo de novo na posse dos exames que estou pedindo. Mas, volto a frisar: fisicamente Kamila está muito bem.

Carlos saiu mais aliviado do consultório do médico. Pelo menos chegariam a alguma explicação para aquela atitude da filha. Decorrido o prazo, vamos encontrá-lo junto com Kamila diante do profissional. No café daquela manhã, antes de irem ao consultório do médico verificar o resultado dos exames, pai e filha conversavam mais uma vez.

– Papai. A mulher da luz foi no meu quarto de novo essa noite.

Carlos controlou-se porque estavam indo para o consultório médico, resolvendo, por isso mesmo, alimentar a conversa.

– É minha filha? E dessa vez o que a mulher disse para você?

– Que não estou doente! Que os exames não vão dar nada.

138 | Ricardo Orestes Forni

– Ah! Então ela sabe que vou levar você ao médico hoje, de novo?! Você contou a essa mulher que o papai te levou para consulta há uma semana?

– Não, papai. Eu não falei nada para ela, mas ela sabe papai. Eu nunca falo nada. É ela quem fala as coisas.

Carlos ficou mais tranquilo. Aquela informação confirmava que Kamila tirava as coisas da própria cabeça. Que mulher desconhecida saberia o que estava se passando entre ele e a filha se nem para os meninos comentara alguma coisa? Agora estava mais tranquilo. Kamila estava criando um mundo irreal devido a seus problemas mentais. Era isso!

– E a mulher da luz voltou a falar: aula particular, aula particular! Por que isso, papai? Você não tem o seu trabalho? Não trabalha lá no seu emprego?

Não fosse a própria filha e ele teria a certeza de que alguém estava querendo confundi-lo! Kamila não sabia do ocorrido com a microempresa. Tinha resolvido poupá-la dos problemas que só poderiam agravar a parte mental dela. Mas não faria mais suposições. Deixaria a cargo do médico ou do psicólogo, caso necessário, as explicações para o que vinha ocorrendo. Pensava enquanto saíam de casa em direção ao consultório.

– Como já esperava, Carlos, fisicamente Kamila está saudável. Ela voltou ao mesmo assunto? – perguntou enquanto Kamila distraía-se com umas revistas propositalmente colocadas à sua disposição.

– Voltou, doutor. A bendita "luz" está de volta junto com a mulher desconhecida! E cada vez que volta ao assunto traz colocações novas que mais me confundem.

– Bem! Façamos o seguinte: vou indicar o psicólogo

onde irá levá-la. Aliás, encontrei-me com ele e já adiantei parte do problema. Marcará uma entrevista com você para maiores detalhes e depois iniciará o tratamento com Kamila. Pode confiar. É uma pessoa afável e honesta. Não irá enrolá-lo.

– Eu agradeço, doutor. Pessoa para me enrolar eu já consegui – desabafou tristemente e passou a relatar o ocorrido com a sua microempresa.

Após ouvi-lo o médico pronunciou:

– É lamentável que existam pessoas com tal nível de desonestidade, Carlos Henrique. Mas esse psicólogo não é desse feitio. Dará a você uma opinião honesta sobre Kamila. Ele tem competência para isso. Agende uma entrevista sua com ele em primeiro lugar para colocá-lo a par do que se passa com a sua filha. Depois ele irá orientando-o de acordo com o desenrolar dos fatos.

Carlos procurou o psicólogo recomendado, narrando a ele todos os acontecimentos que Kamila ia comentando que acontecia em suas noites.

– E é isso que tem me preocupado em relação a minha filha. Não sei de onde tem tirado essas ideias, esses pensamentos ilógicos. Devo confessar uma outra coisa ao senhor. Um problema particular.

– Pois, não. Esteja à vontade.

– Estou passando por um grave problema financeiro e vou ser franco com o senhor. Não tenho muito dinheiro para o tratamento. O senhor desculpe a minha sinceridade, mas é o que está ocorrendo.

– Carlos Henrique. Pode ficar tranquilo! Não será por falta de dinheiro que iremos deixar de estudar o caso de sua filha. Aliás, façamos o seguinte: marcarei para ela os horários em que estiver mais folgado, o que não me trará prejuízo financeiro e o senhor não precisará pagar pela sessão realizada. No final, quando chegarmos a alguma solução, estudaremos o problema financeiro. Não gostaria de privar Kamila da análise pelo problema do dinheiro.

– Deus lhe pague por sua compreensão, doutor!

– E Ele paga, Carlos Henrique. Pode ter certeza!

Dessa forma, Kamila iniciou suas visitas ao novo "tio" para "conversar" com ele. Não compreendia a razão desses encontros.

– Papai, para que estou vindo aqui?

– O tio, Kamila, vai ajudar-nos a descobrir a sua amiga da luz. Não é bacana isso, filha?

– Ele vai, papai?

– Vai. Assim saberemos quem é a sua nova amiguinha, meu bem.

– Então, está bom.

– Conte tudo para ele, Kamila. Conheceremos essa sua amiga que será nossa também.

***

O QUE ENSINA O ESPIRITISMO:

Kardec, na *Revista Espírita* de 1865, mês de julho, nos ensina sobre os sonhos. Diz ele:

É realmente estranho que um fenômeno tão vulgar quanto o dos sonhos tenha sido objeto de tanta indiferença da parte da ciência, e que ainda se esteja a perguntar a causa dessas visões. Dizer que são produtos da

O anjo da guarda | 141

imaginação não é resolver a questão; é uma dessas palavras com o auxílio da qual querem explicar o que não compreendem e que nada explicam. Em todo o caso, a imaginação é um produto do entendimento. Ora, como não se pode admitir entendimento nem imaginação na matéria bruta, é preciso que se creia que a alma nisto entra em alguma coisa. Se os sonhos ainda são um mistério para a Ciência, é que ela se obstinou em fechar os olhos para a causa espiritual.

Pode-se, acrescenta, ele, dividir os sonhos em três categorias, caracterizadas pelo grau da lembrança que resta no estado de desprendimento no qual se acha o espírito. São:

1.º) Os sonhos provocados pela ação da matéria e dos sentidos sobre o espírito, isto é, aqueles em que o organismo representa um papel preponderante pela união mais íntima entre o corpo e o espírito. Deles nos lembramos claramente e, por pouco desenvolvida que seja a memória, conservamos uma impressão durável.

2.º) Os sonhos que podem ser chamados mistos. Participam ao mesmo tempo da matéria e do espírito. O desprendimento é mais completo. Deles nos lembramos ao acordar, para os esquecer quase que instantaneamente, a menos que alguma particularidade venha despertar a sua lembrança.

3.º) Os sonhos *etéreos* ou puramente *espirituais.* São produzidos apenas pelo espírito, que está desprendido da matéria, tanto quanto o pode estar durante a vida do corpo. Deles não nos recordamos; ou, se restasse uma vaga lembrança do que sonhamos, nenhuma circunstância poderia trazer à memória os incidentes do sono.

CAPÍTULO QUATORZE

O DIAGNÓSTICO

A verdade é o encontro com o fato que deve ser digerido, de modo a retificar o processo, quando danoso, ou prosseguir vitalizando-o, para que se o amplie a benefício geral.

Joanna de Ângelis (Divaldo P. Franco)
Elucidações psicológicas à luz do espiritismo

– OLÁ, SÍLVIA. É SEMPRE reconfortante poder conversar com um coração amigo. Finalmente Kamila está com um psicólogo para identificarmos esses tais sonhos que ela vem tendo. Levei-a ao médico que a acompanha desde criança, mas ele nada achou e indicou esse outro profissional que é muito idôneo.

– Fez bem, Carlos Henrique. Já basta o desgosto com o que ocorreu com a empresa. Dessa maneira vai poder se despreocupar em relação aos sonhos de Kamila.

Pensou um instante e complementou:

144 | Ricardo Orestes Forni

– Por falar em sonhos, sonhei com Maria Isabel uma noite dessas.

– Verdade?! Ela deve estar muito feliz na paz do Senhor pelo bem que fez a mim e aos filhos, Sílvia.

– O semblante era aquele que a gente conheceu quando estava saudável. Ela me disse algumas coisas, mas só consegui guardar algumas palavras. Você precisava ter um sonho desses! Parece que está realmente conversando com a pessoa como se estivesse viva na sua frente!

– Infelizmente são apenas sonhos, Sílvia!... Os que se vão, estão à espera da ressurreição final.

– O interessante Carlos, é que ela me disse algo que tem a ver com a sua situação atual!

– Ora, Sílvia! Daqui a pouco será você que vai começar com a conversa estranha de Kamila como o assunto da "luz". Duas falando coisas estranhas eu não aguento e nem tenho dinheiro para pagar outro psicólogo, amiga! – disse Carlos Henrique sorrindo. – O que Isabel poderia dizer estando na região de paz em que está, longe dos problemas da Terra?!

– Disse sim, Carlos. Eu ouvi nitidamente Maria Isabel dizer: aula particular é a solução para o momento atual. Ouvi como se uma pessoa viva estivesse conversando comigo!

– Ah! Meu Deus! Não falei?! Já não chega Kamila e agora você! Creio que vocês duas estão a fim de me enlouquecer!

– Kamila? Por que Kamila?

– Veio com a história de que a mulher da luz falou para ela "aula particular"! Como você pode ver, essa doença "pega" Sílvia! É melhor se cuidar!

O anjo da guarda | 145

– Mas, Carlos! Que é uma solução de emergência, é! Você pode dar suas aulas na residência dos alunos. Você é muito conceituado na área de matemática e física. Muitos alunos precisam de reforço nessas matérias. As aulas serão uma saída de emergência até você acertar uma outra coisa, meu amigo. Existirão aqueles que gostarão de receber aulas particulares em suas casas! É uma solução, por que não?

– Pode até ser, Sílvia, mas o que isso tem a ver com Maria Isabel? Pensa um pouco! Essa é uma solução que nós podemos ter a ideia e não que os mortos precisam nos sugerir! Pelo amor de Deus, amiga! A explicação para esse seu sonho é muito fácil, minha querida. Preocupada comigo e com as crianças, você, inconscientemente, deixou sair da profundidade da sua alma boa uma sugestão que poderá me socorrer na emergência de tudo o que está acontecendo. Pronto! Não precisa Isabel voltar a esse mundo para sugerir essa solução, Sílvia! Olha! Se prepara! Se o psicólogo da Kamila for realmente bom, vou indicá-lo para você fazer um tratamento também.

Despediram-se fraternalmente. Carlos tinha sido chamado ao consultório do psicólogo após seis meses de tratamento de Kamila.

"O que teria esse profissional descoberto? Que eram sonhos de uma pessoa com problema mental? Isso ele já deduzia mesmo sem ser psicólogo." – pensava ele enquanto se encaminhava para a entrevista com o profissional.

Chamado para uma conversa, teria que comparecer, mas sem grandes esperanças.

– Sente-se, Carlos Henrique. Vamos conversar sobre

146 | Ricardo Orestes Forni

Kamila. Após esses meses de diálogo com ela, creio que posso passar a você algumas conclusões.

– Estou ansioso por isso, doutor. E espero que o senhor tenha descoberto que tudo não passa mesmo da imaginação da minha filha.

– Do ponto de vista físico, mental, Carlos, Kamila está simulando esses tipos de fantasia que têm descrito a você.

– Concordo com o senhor. É exatamente o que eu penso, doutor.

– O senhor me disse que passa por grave crise financeira, não é isso?

– Sim. O contador a quem destinava o dinheiro mensalmente para pagamento das obrigações sociais da minha microempresa, desviou o dinheiro e não efetuou os pagamentos devidos. Por isso, fui executado e perdi todo o meu esforço de anos de trabalho honesto.

– Se levarmos esses fatos em consideração, vamos encontrar algumas frases de Kamila que parecem sugestões para a difícil situação que você está passando. Vejamos duas frases dela: "na água agitada é preciso usar o remo da fé". E a outra: "é a hora do testemunho". São frases que se aplicam ao momento difícil pelo qual está passando. Parecem conselhos.

– O senhor tem toda razão, doutor!

– Mas o senhor há de convir que uma pessoa com deficiência mental como Kamila não está em condições de ditar conselhos a ninguém, Carlos Henrique.

– Deve ter escutado em nossa igreja e repetiu frases de comentários da Bíblia.

– Ah! É verdade. O senhor é cristão. Entretanto sua

religião não é reencarnacionista como o budismo, o espiritismo, o hinduísmo ou como acreditavam vários povos mais antigos tais como os gregos, egípcios, etc.

– Não entendo bem o que o senhor está querendo dizer, mas não somos, não.

– Entendo. Bem, disse ao senhor que sob o ponto de vista físico, mental, são sonhos de Kamila, talvez na tentativa de auxiliar de alguma maneira.

– Devo esclarecer ao senhor que não a coloquei a par dos problemas financeiros para poupá-la. De tal maneira que, desconhece o que ocorreu para tentar dar alguma colaboração.

– Melhor ainda, Carlos Henrique.

– Como melhor?! Não estou entendendo suas colocações, doutor!

– Carlos, se me permitir, gostaria de emitir uma outra explicação para os sonhos de Kamila.

– É para isso que estou aqui, não é?

– Sim. Só que, veja bem, antes estou pedindo licença a você Carlos, porque envolve agora a minha religião.

– Desculpe, mas o que religião tem a ver com um consultório de psicologia?

– Se o nosso objetivo é auxiliar aquele que nos procura, lançamos mão de todos os meios honestos para ajudar o paciente. Meios honestos, repito! Se me permitir...

– O senhor pode dizer o que pensa sob o seu ponto de vista religioso, o que para mim é uma surpresa. Não esperava encontrar tal conduta em um profissional! É até elogiável que o senhor declare a sua fé em Deus, doutor! Entretanto, vou ser franco, me reservo o direito de não concordar com o que vai me dizer sob esse seu ponto de vista.

148 | Ricardo Orestes Forni

– Perfeitamente, Carlos Henrique. Mesmo porque minha religião não visa fazer prosélitos, muito menos dentro de um consultório. Acreditamos que cada fruto amadurece no tempo certo e ninguém é forçado a nada. Se vou abordar esse aspecto da religião é com a intenção de auxiliar você a entender Kamila. Só por isso.

– Estou ouvindo, doutor.

– Kamila ficou sem a mãe ainda muito nova pelo que ela conseguiu me contar. Inclusive nem se lembra da mãe. Sabe que teve uma, mas não se recorda em nada dela.

– Sim, minha esposa faleceu após muitos sofrimentos físicos e morais na luta com doença pertinaz. Inclusive Kamila foi gerada após Isabel submeter-se a uma cirurgia e tratamento com quimioterapia. O cirurgião orientou que ela não engravidasse mais, mas aconteceu e ela assumiu o risco dessa última gravidez com muita alegria. Kamila representa a filha que ela sempre almejou. Tivemos quatro meninos antes e Maria Isabel sempre falava em uma filha. Então, Kamila representou para ela a filha tão esperada. Infelizmente, não teve muito tempo de curti-la.

– Imagino a angústia dela ao perceber que deixaria a filha ainda muito pequena e com o problema da síndrome de Down, não é?

– Muita preocupação! Muito sofrimento! Até em seus últimos momentos de lucidez me pediu pela filha que ficava.

– E você, Carlos, pelo que vejo, cumpriu muito bem seu papel de pai e mãe, não é assim?

– É o meu dever perante Deus, doutor.

– Concordo plenamente.

O psicólogo deu uma pequena pausa e entrou mais diretamente no assunto:

– Bem. Vamos mais diretamente ao assunto. Sou espírita, Carlos.

O pai de Kamila sentiu o "golpe" da revelação totalmente inesperada.

– O senhor me desculpe, mas não acredito nos ensinamentos dessa sua religião. Entenda bem, doutor. Respeito o seu direito de assim pensar, mas não concordo com nada do que ela ensina. Me desculpe. Não estou querendo ser grosseiro com toda a sua gentileza.

– Fique tranquilo, Carlos Henrique! O espiritismo nos ensina a respeitar a religião de toda e qualquer pessoa porque fomos criados livres por Deus. Como disse anteriormente, não tenho a menor intenção de influenciá-lo na sua fé. Reforço o que disse: o espírita aprende a respeitar todas as religiões e, até mesmo, quem não tem nenhuma fé religiosa. Estou fazendo essa colocação para poder explicar o que tenho a dizer sobre a sua filha, Carlos Henrique. Só peço a sua licença e paciência para que eu possa completar o meu raciocínio. Depois, o senhor faça como julgar melhor.

– Não sei o que o senhor vai me dizer, mas adianto-lhe que não acredito no espiritismo.

– Nem será preciso. Se me permitir, pelo bem de Kamila e para a sua tranquilidade, exprimir a minha opinião, já me sentirei recompensado.

– Pois então, continue, doutor. Sou todo ouvidos pelo bem da minha filha.

– Conforme acreditamos, – retornou ao assunto o psicólogo – o espírito ao deixar o corpo desgastado através da morte, continua a conviver conosco. Não são aprisionados em um determinado lugar do Universo como ensina as outras religiões.

– E nós acreditamos que a alma vai para o Senhor à espera do juízo final, doutor.

– Tudo bem, Carlos. Só me permita concluir o raciocínio. Sua esposa era uma mulher muito boa segundo o senhor comenta.

– Disso não tenha nenhuma dúvida, doutor. Maria Isabel para mim e para os filhos era perfeita.

– Então! Ao deixar esse nosso mundo e ser amparada em seu retorno para a verdadeira vida, recebeu todo o apoio de familiares que partiram antes dela e que continuavam a amá-la. Recuperada dos sofrimentos da Terra, continua a amar a você e aos filhos que ficaram porque o amor não é vencido pela morte. Principalmente a amar Kamila devido aos problemas que ela apresenta.

– Volto a lhe pedir desculpas pela minha descrença em tudo o que está dizendo, mas supondo que tenha razão, o que isso tem a ver com os sonhos de Kamila?

– Sob esse meu ponto de vista, não são sonhos. Kamila tem sido visitada pela mãe que irradia luz por continuar a ser um espírito bom, um espírito com certo grau de evolução.

– Fico sem jeito porque acredito que o senhor está tentando ajudar, mas não consigo entender e muito menos acreditar nisso tudo!

– Permita-me continuar mais um pouco. Kamila relatou mais algum sonho com essa tal mulher de luz para você?

– Durante a vinda ao seu consultório durante todos esses meses, não. Como conseguiu conquistar a confian-

O anjo da guarda | 151

ça dela, deve ter preferido conversar com o senhor sobre esse assunto caso tenha tido algum outro sonho.

– Kamila contou-me mais um sonho, Carlos.

– E posso saber o que foi que ela ouviu ou fantasiou dessa vez, doutor?

– Pode e deve. O ser de luz enviou através dela mais um recado: perdoar o contador.

– Não pode ser! Foi ela quem disse isso ou o senhor está me aconselhando a isso, doutor?

– Como você disse que não comentou a situação financeira com ela, como poderia ter inventado um recado desses, Carlos? Como poderia ter ouvido em sua igreja um comentário específico sobre o contador que o lesou? Perdoar a quem nos fez o mal é uma colocação muito profunda para ser elaborada por Kamila. Até seres humanos sem deficiência mental ainda não entendem isso! Não acha que essas colocações todas juntas é um forte argumento para se pensar que a mãe, num ato de amor, prossegue além da morte do corpo tentando ajudá-los? Isabel não estaria sendo, na linguagem popular, O ANJO DA GUARDA da filha?

– Essa hipótese vai totalmente contra meus princípios religiosos como já disse ao senhor.

– Respeito sua opinião, mas gostaria que considerasse essa hipótese para auxiliar Kamila e a você mesmo, trazendo mais tranquilidade aos seus dias. Saber que Maria Isabel, por amor, está com vocês! Tem procurado ajudar! Deus não é amor, Carlos? E o que esse amor é capaz de fazer?! Aqueles que amam como Maria Isabel, possuem armas que desconhecemos! Não quero forçá-lo a nada. Respeito sua fé religiosa. Não vai aqui nenhuma forma de convite para se converter ao espiritismo.

Apenas a tentativa cristã de auxiliar de alguma forma. Prometa, por sua filha, pensar nessa hipótese.

– Agradeço a sua intenção, mas no momento esse raciocínio é incompatível com a minha fé.

– Deus haverá de mostrar-lhe a verdade, meu amigo.

– O tratamento está encerrado?

– Creio que sim. Fico feliz em saber que a mãe que deixou o corpo continua ao lado da filha que ama. Da mesma forma está ao seu lado e dos seus outros filhos, Carlos Henrique.

– Maria Isabel aguarda a ressurreição da carne, doutor. Está no seio de Deus e não nesse mundo onde tanto sofreu! Desculpe-me, doutor, mas não consigo assimilar os seus pensamentos ou os ensinamentos da sua religião! E em relação ao tratamento, quanto lhe devo?

– Nada, meu amigo. Aliás, me deve sim alguma coisa: pensar no que lhe falei pelo bem de sua filha!

Carlos agradeceu profundamente ao psicólogo. "Esses espíritas eram gente boa, mas muito esquisitos! Trazer os mortos de volta! Retirá-los do repouso em que aguardam o Juízo Final para se envolver com os problemas dos humanos?! Como acreditar nisso?!"

***

O QUE ENSINA O ESPIRITISMO:

Para conceituarmos à luz da doutrina espírita o espírito guardião, recordemos os ensinamentos dos espíritos superiores em *O Livro dos Espíritos*, nas questões que se seguem.

O anjo da guarda | 153

489 – Há espíritos que se ligam a um indivíduo particular para o proteger?

– Sim, o irmão espiritual, a que chamais o bom espírito ou o bom gênio.

490 – Que se deve entender por anjo guardião?

– O espírito protetor de uma ordem elevada.

491 – Qual é a missão do espírito protetor?

– A de um pai sobre seus filhos: guiar seu protegido no bom caminho, ajudá-lo com seus conselhos, consolar suas aflições, sustentar sua coragem nas provas da vida.

492 – O espírito protetor liga-se ao indivíduo depois do seu nascimento?

– Depois do seu nascimento até a morte, e, frequentemente, o segue depois da morte na vida espírita, e mesmo em várias existências corporais, porque essas existências são apenas fases bem curtas com relação à vida do espírito.

493 – A missão do espírito protetor é voluntária ou obrigatória?

– O espírito protetor é obrigado a velar sobre vós porque aceitou essa tarefa, mas pode escolher os seres que lhe são simpáticos. Para alguns é um prazer, para outros uma missão ou um dever.

***

Vemos assim, de acordo com os ensinamentos contidos nessas perguntas, que Maria Isabel não poderia ser propriamente um anjo guardião da filha, o que não exclui a possibilidade de estar, por amor a Kamila, participando dessa tarefa após o seu restabelecimento e esclarecimento no mundo espiritual. Aproveitando os ensinamentos de Kardec na pergunta 514 do mesmo livro, lembramos que o espírito protetor, anjo guardião ou bom gênio, é aquele que tem por missão seguir o homem na vida e ajudá-lo a progredir. Ele é sempre de uma natureza superior relativamente ao seu protegido.

Os espíritos familiares se ligam a certas pessoas por laços mais ou menos duráveis tendo em vista ser-lhes úteis, no limite de seu poder, frequentemente bastante limitado. Eles são bons mas, algumas vezes, pouco avançados e mesmo um pouco levianos. Eles se ocupam, de bom grado, dos detalhes da vida íntima e não agem senão por ordem ou com permissão dos espíritos protetores. Essa seria a situação de Isabel em relação a Kamila.

Os espíritos simpáticos são os que se sentem atraídos para nós por afeições particulares e uma certa semelhança de gostos e de sentimentos, no bem como no mal. A duração de suas relações é quase sempre subordinada às circunstâncias.

CAPÍTULO QUINZE

DIÁLOGO COM SÍLVIA

– QUAL FOI A CONCLUSÃO do psicólogo, Carlos? Você me disse, por cima, que o tratamento já havia sido encerrado.
– Não sei se te falei da religião dele Sílvia. Ele é espírita!
– Ah! É? Mas o que isso tem a ver com o tratamento que ele fez com Kamila? Aliás, achei muito rápido. Geralmente essas sessões de análise duram bastante tempo.
– É um profissional honesto, Sílvia. Até mesmo caridoso, porque sabendo da minha situação financeira atual, nem me cobrou.
– É. Realmente. Só pelo fato de não ter cobrado já revela a boa índole dele. Mas o que disse sobre ela?
– Pois então! Levantou algumas hipóteses. Uma delas é a de que Kamila estaria criando um mundo de fantasia.
– É o que a gente que é leiga no assunto também acha.

156 | Ricardo Orestes Forni

Você sempre pensou assim desde as primeiras conversas dela sobre essa tal "luz", não foi?

– Claro! No meu modo de entender, não há outra explicação lógica para tudo isso! No entanto, essa hipótese para ele ficou enfraquecida devido a algumas colocações de Kamila, tais como a necessidade da fé quando as águas do mar da vida estão agitadas; do comentário sobre a hora do testemunho; e, finalmente, uma outra que surgiu durante as consultas com ele quando Kamila se referiu a tal mulher da "luz" que pedia para perdoar o contador que acabou com a minha microempresa por fraudar os pagamentos.

– Realmente essa colocação é muito estranha para Kamila, Carlos Henrique! De onde ela poderia ter tirado essa ideia sobre o perdão para quem lhe fez tanto mal? Creio que o raciocínio dela não é suficiente para fazer esse tipo de consideração.

– Ora, Sílvia! E quem poderia ser então? Não sei explicar o mecanismo como isso ocorre, mas só pode ser da cabeça dela!

– Mas, Carlos! É uma colocação muito profunda para a situação mental de Kamila.

– Pelo jeito que você está falando, acho que vai concordar com a hipótese do psicólogo.

– E qual a interpretação que ele propôs além dessa de Kamila estar fantasiando tudo, de estar criando esse mundo dentro da cabeça dela?

– Esses espíritas!... Sinto-me até constrangido de falar assim devido a atenção e a bondade que recebi desse profissional, mas achar que é Maria Isabel quem está ditando essas palavras para Kamila!... Na minha cabeça não entra uma hipótese dessas! A alma de Isabel está no seio do Senhor. Na paz que ela soube conquistar. Como estaria envolvida com a filha que ficou na Terra?!

– Por amor, Carlos Henrique! Mas qual foi a explicação dele? Deve ter argumentado dessa forma com você, mas deve ter explicado o raciocínio que o levou a essa conclusão!

– Bem, como espírita, ele acha que o espírito de Isabel tem procurado contato com a filha que amou muito e a quem continua a amar.

– Nisso também concordo com ele. Esteja Isabel onde estiver, continua a amá-los!

– Não. Na opinião do psicólogo espírita, Isabel tem vindo visitar Kamila nessas noites em que ela diz ver a "luz" e a mulher da "luz" em seu quarto. Na opinião do psicólogo, Maria Isabel é esse ser de luz ou que sai de dentro da luz, sei lá! Segundo ele, Isabel seria um espírito com o merecimento para vir ao nosso mundo e ver a filha. Não acredito nisso Sílvia, você bem sabe que não! Esses espíritas têm uma imaginação tão fértil como a de Kamila que está a inventar essa história toda. Como quem já partiu para o seio do Senhor poderia voltar ao nosso mundo?!

– Até que seria maravilhoso se isso estivesse acontecendo, não é, Carlos Henrique? Se quiser, posso perguntar para uma amiga espírita que eu tenho. Ela me explica e, depois, eu explico a você.

– Sílvia! Sejamos racionais! Isabel partiu para a outra vida que nada mais tem a ver com essa que aqui ficou. Os mortos estão em um outro mundo. Nada mais têm a ver com o nosso, assim como nada temos a ver com o deles a não ser no dia em que partirmos para lá também. Somente quando deixarmos esse mundo passaremos a fazer parte do mundo onde eles se encontram agora. Enquanto isso não ocorre, eles lá e nós aqui, minha amiga! Aliás, se me permite uma sugestão: você também deveria procurar um psicólogo já que está achando viável essa explicação absurda dele! Como misturar os dois mundos: o dos vivos com o dos mortos?!

– Mas me conte mais um pouco que estou curiosa!

– Está vendo como precisa de um tratamento?! Por que não procura um centro espírita para aprender um pouco mais sobre essas fantasias? Quem sabe você não cruza com Isabel por lá?

– Carlos! Deixe de ironia e conte-me mais sobre esse raciocínio do psicólogo.

– Em resumo é isso na opinião dele: a "luz", a mulher da "luz" que Kamila diz enxergar no seu quarto à noite, seria Maria Isabel tentando nos ajudar através da filha. Estaria Bel enviando recados pela voz de Kamila, você entende? Se é que isso dá para entender! Se é que eu não estou ficando "biruta" de tanto ouvir essas explicações absurdas!

– Para eles isso é possível, Carlos! E o que ele propõe como tratamento?

– Sílvia! Acho que você não entendeu nada mesmo! Que tratamento?! Tratar o que não existe?! Tratar os mortos?! Fazer uma sessão espírita em minha casa?! Lembre-se que tenho a minha religião que não considera essa possibilidade e na qual eu e meus filhos estamos há muitos anos. Isabel da mesma forma partilhou conosco nossa crença! Eu não cogito de uma explicação desse tipo.

– Amigo, precisa considerar que não somos donos da verdade. Que o nosso modo de ver e entender a vida não modifica aquilo que é real! Carlos, vou te fazer uma pergunta: será que existe alguma religião que saiba toda a verdade sobre Deus? Sobre aqueles que partem? O que podem ou não fazer se continuam vivos? Se continuam nos amando como a eles também continuamos a amar, o que poderia ou não poderia ocorrer?

– Você parece merecer um diploma de "espírita". Se não existe nenhuma religião que saiba tudo sobre Deus e sobre os que morreram, por que aceitarmos as explicações espíritas como a verdade final? Não é o espiritismo uma religião a mais? Por que seria esse tal de espiritismo o dono da verdade? Só por que julgam falar com os mortos? Tenha paciência, minha amiga!

Na manhã seguinte, por ocasião do café junto a Kamila, o assunto retornou para a preocupação de Carlos Henrique.

– Papai, a mulher da luz voltou essa noite outra vez. – disse Kamila com naturalidade, saboreando o seu café.

– É, minha filha? E dessa vez o que ela disse? Deixou mais algum recado para você? Chegou a vê-la? – perguntou o pai já desanimado de que a filha abandonasse essa sua fantasia.

– Não, não vi. A mulher da luz falou que vai vir me buscar para uma viagem. Uma viagem bem grande e demorada.

– Um passeio, você quer dizer? Como aquele de te levar a um parque bonito, não é? Um passeio como das outras vezes?

– Não papai, ela disse que é uma viagem.

– Kamila, meu bem. Viagens são demoradas! Como que ela vai te levar a uma viagem, mesmo em sonho filha? Você teria coragem de deixar o papai sozinho por muito tempo, meu amor? – observou Carlos Henrique dando prosseguimento ao assunto para ver onde tudo ia chegar.

– Vai levar, sim. E ela também falou que dessa viagem vou demorar a voltar. Você pode ir junto, papai. Assim não precisa ficar sozinho.

– Papai não pode ir, meu bem. Tem os seus irmãos, meu bem. Como é bom acreditar nos sonhos, Kamila! Pena que o papai já não tem mais idade para sonhar como você. Mas se você se sente feliz em seus sonhos na companhia dessa mulher, continue conversando com ela, minha filha.

Jocosamente complementou seus comentários:

– Já preparou sua mala? – disse sorrindo. – Não se esqueça de colocar roupas de frio e de calor. Não sei para onde vocês vão. É melhor levar roupa para qualquer estação do ano. Se for bonito o lugar para onde você vai viajar, você me leva também um dia?

– Vou falar com ela, papai. Se eu gostar, vou pedir para ela te levar também.

***

O QUE ENSINA O ESPIRITISMO:

149 – Em que se torna a alma no instante da morte? (L.E.)

– Volta a ser espírito, quer dizer, retorna ao mundo dos espíritos, que deixou momentaneamente.

150- A alma depois da morte conserva a sua individualidade?

– Sim, não a perde jamais. Que seria ela se não a conservasse?

459 – Os espíritos influem sobre os nossos pensamentos e as nossas ações? (L.E.)

– A esse respeito sua influência é maior do que credes porque, frequentemente, são eles que vos dirigem.

460 – Temos pensamentos que nos são próprios e outros que nos são sugeridos? (L.E.)

– Vossa alma é um espírito que pensa. Não ignorais que vários pensamentos vos alcançam, ao mesmo tempo, sobre o mesmo assunto e, frequentemente, bem contrários uns aos outros; então, há sempre de vós e de nós e é isso que vos coloca na incerteza, posto que tendes em vós duas ideias que se combatem.

488 – Nossos parentes e nossos amigos, que nos precederam na outra vida, têm por nós mais simpatia que os espíritos que nos são estranhos? (L.E.)

– Sem dúvida, e frequentemente eles vos protegem como espíritos, segundo o seu poder.

525 – Os espíritos exercem uma influência sobre os acontecimentos da vida? (L.E.)

– Seguramente, visto que te aconselham.

***

Sonhos espíritas:

Esses se revestem de maior interesse para nós, por atenderem com mais exatidão e justeza à finalidade deste livro, qual seja a de, sem fugir à feição evangélica, fazer com que todos os capítulos nos sejam um convite à reforma interior, como base para a nossa felicidade e meio para, em nome da fraternidade cristã, melhor servirmos ao próximo.

Nos sonhos espíritas a alma, desprendida do corpo, exerce atividade real e afetiva, facultando meios de encontrarmo-nos com parentes, amigos, instrutores e, também com os nossos inimigos, desta e de outras vidas.

Quando os olhos se fecham, com a visitação do sono, o nosso espírito parte em disparada, por influxo magnético, para os locais de sua preferência.

O viciado procurará os outros.

O religioso buscará um templo.

O sacerdote do bem irá ao encontro do sofrimento e da lágrima, para assisti-los fraternalmente.

Enquanto despertos, os imperativos da vida contingente nos conservam no trabalho, na execução dos deveres que nos são peculiares.

Adormecendo, a coisa muda de figura.

Desaparecem, como por encanto, as conveniências.

A atividade extracorpórea passará a refletir, sem dissimulações ou constrangimentos, as nossas reais e efetivas inclinações, superiores ou inferiores.

Buscamos sempre, durante o sono, companheiros que se afinam conosco e com os ideais que nos são peculiares.

Para quem cultive a irresponsabilidade e a invigilância, quase sempre os sonhos revelarão convívio pouco lisonjeiro, cabendo, todavia, aqui a ressalva doutrinária, exposta na caracterização dos sonhos reflexivos, de que, embora tendo no presente uma vida mais ou menos equilibrada, poderemos, logicamente, reviver cenas desagradáveis, que permanecem virtualmente gravadas em nosso molde perispiritual.

Quem exercite, abnegadamente, o gosto pelos problemas superiores, buscará durante o sono a companhia dos que lhe podem ajudar, proporcionando-lhe esclarecimento e instrução.

O tipo de vida que levarmos, durante o dia, determinará invariavelmente o tipo de sonhos que a noite nos ofertará em resposta às nossas tendências.

As companhias diurnas serão, quase sempre, as companhias noturnas fora do vaso físico.

O esforço de evangelização das nossas vidas e a luta incessante pela modificação dos nossos costumes, objetivando a purificação dos nossos sentimentos, dar-nos-ão, sem dúvida, o prêmio de sonhos edificantes e maravilhosos, expressando trabalho e realização.

Com instrutores devotados nos encontraremos e deles ouviremos conselhos e reconforto.

Dessas sombras amigas, que acompanham a migalha da nossa boa vontade, receberemos estímulo para as nossas sublimes esperanças.

Martins Peralva,

Estudando a mediunidade, capítulo XVII.

Evidentemente que o consagrado escritor Martins

Peralva em *Sonhos espíritas*, está emitindo a interpretação espírita para o que pode ocorrer com as pessoas quando sonham, independentemente de serem espíritas ou não.

CAPÍTULO DEZESSEIS

A GRANDE VIAGEM

A morte é um suave meio para se adormecer e logo se despertar, cada qual conforme as condições adquiridas na experiência fisiológica precedente a esse momento. (...) (...) é a grande libertadora que propõe o descortinar de horizontes felizes ao viajor que, recuperado dos débitos antes contraídos, prepara-se para receber aqueles afetos que virão mais tarde.

Joanna de Ângelis (Divaldo P. Franco)
Elucidações psicológicas à luz do espiritismo

O INVERNO ERA RIGOROSO. As viroses das vias aéreas agrediam as pessoas com violência. Kamila continuava com as mesmas histórias sobre a luz e a mulher da luz em seu quarto durante a noite. Isso preocupava Carlos por ver a filha com síndrome de Down com essas ideias persistentes na cabeça. Chegou a procurar orientações de dirigentes

166 | Ricardo Orestes Forni

da religião que frequentava. A explicação era a mesma que ele já supunha: fantasias da mente provocadas pelo quadro mental de que Kamila era portadora. Uma única ocasião, quase por um descuido, chegou a mencionar a hipótese do psicólogo sobre a presença de Isabel junto à filha com um dos membros dirigentes da igreja que frequentava. A reação foi a esperada:

– Irmão Carlos. Devemos deixar nossos mortos na paz do Senhor! O profissional está misturando a ação de uma mente com problemas com a religião que ele professa. Mas nós sabemos a verdade. Maria Isabel, nossa irmã que muito sofreu na Terra, aguarda a ressurreição na paz do Senhor. Devemos nos lembrar de nossas orações para ela e não perturbá-la na paz em que está mergullhada! Não devemos perturbar aqueles que partiram.

– Nem por amor eles poderiam voltar, irmão?

– Não vacile em sua fé, meu amigo. Entendo que se preocupe com a sua Kamila, mas não permita que a tentação faça morada em seu coração. Todos nos encontraremos um dia na ressurreição do Senhor. Aí sim, voltaremos a nos amar novamente! Poderemos reconstruir nossos sonhos. Você terá Maria Isabel e os filhos de volta no grande e eterno amanhã das almas redimidas no grande Lar do Senhor, nosso Deus! Mas enquanto permanecermos desse lado da vida devemos respeitar os que se foram. Não se lembra o irmão que Moisés condenou a comunicação com os mortos? Pois então! Procuremos para Kamila as explicações da Terra e deixemos para a grande alvorada que a todos nos aguarda o reencontro com

O anjo da guarda | 167

nossos entes queridos que se foram para o grande e insondável além![3] Carlos Henrique pacificou o seu coração com o reforço das explicações do orientador do templo religioso que frequentava. A onda de viroses respiratórias daquele inverno acabou por vitimar Kamila que contraiu uma gripe severa devido a sua imunidade comprometida pela síndrome de Down. Levada ao médico, recebeu as medicações ne-

---

3. Os abusos reinantes em sua época levaram Moisés a proibir a invocação dos chamados mortos, ato que se tornou a tônica empregada por todos quantos combatem o espiritismo.

O grande legislador dos hebreus, no entanto, estabeleceu essa lei apenas para evitar aquilo que o espiritismo recomenda insistentemente aos seus adeptos: que evitem a invocação de espíritos para fins menos elevados, consultando-os sobre assuntos terra-a-terra, ou obtendo deles informações que nada edificam.

Devemos aqui esclarecer que Moisés combatia as invocações quando elas não tinham um objetivo sério, entretanto, quando ele conhecia a idoneidade dos médiuns que confabulavam com espíritos, em vez de condenar o ato, ele o aplaudia.

Certa vez um moço veio denunciar-lhe que dois médiuns – Eldad e Medad – estavam recebendo comunicações de espíritos. O seu assessor mais imediato – Josué, que ali estava, adiantou-se e disse: – Senhor meu, Moisés, proíbe-lho. O libertador dos judeus, no entanto, retrucou-lhe: – Tens tu ciúmes por mim? Oxalá que todo o povo do Senhor fosse profeta, que o Senhor lhe desse o seu Espírito! (Números, 11:26-29)

Essa atitude de Moisés deixou bem claro que a sua proibição não atingia os médiuns sérios e compenetrados de seus deveres, mas, apenas os medianeiros que não se preocupam com a verdade, e que, por isso, se tornam porta-vozes de espíritos enganadores ou inescrupulosos.

O próprio Moisés, no Tabernáculo, comunicava-se reiteradamente com espíritos. Todas as vezes confabulava com o espírito Jeová, que aparentemente julgava ser o próprio Deus. Deus não se comunica diretamente com os homens e Jeová era simplesmente uma deidade tribal dos antigos hebreus. – Paulo Alves Godoy, *O Evangelho pede licença*.

168 | Ricardo Orestes Forni

cessárias para o tratamento do quadro em sua residência. Entretanto, a febre não cedia. A alimentação foi ficando mais difícil. Dores intensas pelo corpo. Carlos Henrique ligou para o facultativo:

– Doutor, o quadro de Kamila não cedeu. Creio mesmo que se agravou e por isso estou ligando.

– Leve-a para o hospital, Carlos. Vamos interná-la. As pessoas com a síndrome de Down merecem uma atenção especial. Internada, terei condições de avaliá-la e tomar providências mais urgentes. Tenho tido vários casos complicados com a queda de temperatura que estamos enfrentando nesse inverno.

Kamila foi internada com febre muito alta e tosse intensa, além das dores no peito. Realizado o raio-X de tórax, revelou que uma pneumonia havia invadido um dos pulmões. O quadro era grave. Não foi ocultado do pai que passou a dormir com ela. Antibióticos potentes. Soro e medicações outras foram providenciadas. Na manhã do dia seguinte a paciente achava-se apática. Muitas medicações circulavam pelo seu corpo no combate ao vírus invasor que abrira campo para a bactéria severa da pneumonia grave. A voz débil da jovem se fez ouvir:

– Papai! A enfermeira acendeu a luz do quarto à noite e, por isso, não consegui dormir direito.

– Fiquei com você a noite toda, minha filha. A enfermeira realmente entrou no quarto para administrar as medicações que você tem necessidade, mas não acendeu a luz. Dormiu mal devido à febre que você tem tido e a gripe forte que pegou.

– Então, se não foi ela...

– O que tem, Kamila?

O anjo da guarda | 169

– Então foi a mulher da luz porque acenderam a luz do meu quarto sim, papai.

– Kamila, minha filha, você precisa descansar para sarar logo e voltar para casa. Não está com saudades dos seus irmãos?

– Foi a mulher da luz!

– Meu Deus! – pensava consigo mesmo Carlos –, mas nem aqui no hospital esses sonhos a deixam em paz?! E ainda aquele psicólogo vem dizer que era Maria Isabel? A mãe não atormentaria a filha na doença!

– Foi a mulher da luz, papai!

– Está bem, Kamila. A mulher da "luz" esteve aqui no seu quarto do hospital, mas agora você precisa descansar e comer, para sarar.

– Ela veio falar de novo da grande viagem que vou fazer com ela.

– Kamila, meu bem! Para você poder viajar com essa sua amiga, você primeiro precisa sarar. Para isso, descanse mais um pouco que o doutor logo vem para examinar você.

Logo pela manhã o facultativo, após examinar os dados da enfermagem, solicitou nova radiografia de tórax da paciente. O quadro havia se agravado. As medicações, ao que tudo indicava, não estavam vencendo a batalha contra o gérmen invasor. Chamou o pai.

– Olha, Carlos Henrique. As notícias não são boas. A radiografia acusou piora do quadro pulmonar de Kamila.

– Isso a coloca em risco de morte, doutor?

– Não quero ser pessimista, mas o quadro é extremamente preocupante.

Assim que o médico saiu, Carlos ligou para Sílvia.

– Olá, amiga. As coisas não vão bem por aqui. A situação de Kamila piorou. O médico demonstrou muita preocupação.

– Vamos pedir a Deus, Carlos. E você, como está?

– Vou ser franco com você, Sílvia. Sempre tive uma preocupação muito grande em partir antes de Kamila e deixá-la sem meu amparo. Os irmãos você sabe como é. Cada um foi tomando seu rumo, alguns dos meninos se casaram e têm a responsabilidade do novo lar, filhos, esposa. De tal forma que prefiro ficar eu nesse vale de lágrimas do que deixá-la sozinha. Se Kamila se for, irá para o reino do Senhor. Aí sim encontrará com Maria Isabel e não aqui como sugeriu o psicólogo perturbado pelas ideias sem lógica dos espíritas!

– Mas você não se importa que ela...

– Morra? Não acredito na morte, Sílvia. Creio na vida eterna. Nas bem-aventuranças de Deus! Kamila nunca fez mal a ninguém. Pelo contrário, só nos deu alegrias. Minha preocupação maior é deixá-la nesse mundo de ódio, de intrigas, de sentimentos ruins, sem a minha presença. Quem irá defendê-la? Quem verdadeiramente conseguirá amá-la? Isso me preocupa muito mais. Evidentemente que a quero junto de mim por muito mais tempo, mas a ideia de deixá-la antes e só, me apavora muito. Quem vai cuidar dessa menina como eu cuido? Essa história na qual ela insiste de acenderem a luz do quarto em que ela está, a mulher que sai da luz, os passeios com essa mulher, quem irá ouvi-la com paciência como tenho feito, Sílvia?

– Sei que você não vai gostar do que vou contar, Carlos, mas falei com a minha amiga espírita sobre tudo o que aconteceu e inclusive no consultório do psicólogo. Ela me disse que a mãe retorna, sim, para auxiliar os filhos a quem amou profundamente e dos quais foi separada pela morte do corpo. Então, Isabel...

– Sílvia! Por favor! O momento de dificuldades que enfrento é meu. Maria Isabel está no descanso dos justos! Eu fiquei e cabe a mim enfrentar os problemas até o dia em que me for!

– Mas Carlos, que mal há na mãe que vem auxiliar o filho por amor? Essa mulher da "luz" não seria Isabel?

– Sílvia, você é minha grande amiga como foi também de Isabel. Por isso vou respeitar essas suas colocações por mais absurdas que eu as julgue, embora não concorde com nada do que a sua amiga espírita ou o psicólogo disseram. Aqui estamos nós com os nossos problemas. Maria Isabel descansa em paz até o dia do Juízo Final.

– Carlos, como você é teimoso! Considere o poder do verdadeiro amor de uma mãe pela filha!

– Amiga! Como você é insistente! Considere o absurdo dos mortos conviverem com os vivos!

Depois dessa conversa entre os dois, Carlos Henrique desligou o telefone e aproximou-se do leito da filha. Kamila começou a balbuciar novamente, agora já com mais dificuldades:

– Papai! A mulher da luz!

– Filha, o papai já disse. Você precisa descansar. Depois você fala com a mulher da luz. Viaja com ela. Mas, agora precisa ficar mais forte. Descanse o seu corpinho para sarar. Ficar boa logo e viajar com a sua amiga da "luz".

– Eu vi, papai! – as palavras articuladas com muita

172 | Ricardo Orestes Forni

dificuldade revelavam uma piora do quadro clínico de Kamila. Eu... vi. A... mulher da luz... está lá em... casa.

– Está bom, Kamila. Depois você me conta onde ela está, mas agora não se esforce! Descanse. Você precisa sarar logo e voltar para casa e encontrar a mulher da "luz".

– Ela... a luz... a mulher... está lá em casa...

– Você está aqui com o papai no hospital, minha filha. Se a mulher da luz está lá em casa, como você pode vê-la, meu bem?

– Eu vi... Lá em casa... no seu quarto. A ... mulher... da... luz!... no seu quarto!

Carlos ficou preocupado com essas palavras da filha que revelavam, para ele, uma alucinação que anunciava a piora do quadro. Pediu à enfermeira que avisasse o doutor. Compareceu o facultativo rapidamente. Examinou a paciente e sentenciou:

– Carlos, Kamila está muito mal. Vou levá-la para o setor dos cuidados intensivos. Terei que sedá-la e será entubada e colocada em aparelho apropriado para respirar melhor. O quadro, infelizmente, tomou rumo gravíssimo. Temo pela vida dela. Tenho sua autorização?

– Tem toda, doutor. Faça pela Kamila o que julgar melhor. Ela está em suas mãos e nas mãos do Pai dela que estará ao lado de minha filha.

– Como assim, do pai dela, Carlos? O pai dela é você e para onde ela será levada, você não poderá entrar!

– O Pai dela, doutor, está com ela e conosco onde quer que estejamos! Deus está em toda a parte. Até mesmo onde não creiam n'Ele.

– Ah! Entendi! Admiro a sua fé, Carlos. Precisará muito dela pelo que estou vendo.

Deu ordens rapidamente para a enfermagem e Kamila foi removida para o setor de cuidados intensivos em luta desesperada pela vida. Carlos Henrique afagou a face pálida e quente da filha que ardia em febre alta. Um suor frio e abundante cobria seu rosto. Afagou-lhe os cabelos e depositou um beijo de intenso amor na sua face em nome dele e de Maria Isabel. Em pensamento, embora o coração sangrasse no peito, entregou-a nas mãos do Criador. Tinha quase certeza de que se tratava da despedida da filha.

Sílvia chegou apressada ao hospital quando soube da piora de Kamila e a sua remoção para os cuidados intensivos. Abraçou fraternalmente o amigo.

– Se Deus quiser, ela vencerá, Carlos.

– Ela está nas mãos do médico e do Criador, amiga. Seja feita a vontade d'Ele. Kamila é uma joia com a qual Ele presenteou a Maria Isabel e a mim. Se chegou a hora de devolvê-la ao verdadeiro proprietário, seja feita a vontade d'Ele.

– Fé maravilhosa, meu amigo!

Esperou alguns momentos esfregando nervosamente as mãos e perguntou:

– Ela já estava totalmente inconsciente quando a levaram?

– Não. Ainda voltou a tocar no assunto predileto dela quando acordada.

– Meu Deus! A mulher da "luz"?!

– Exatamente. Falou na grande viagem. Que havia visto o rosto da tal mulher. Devia estar delirando porque falou algumas vezes que a mulher da "luz" estava em nossa casa! E o pior ainda: que estava em meu quarto! A única mulher que tem em meu quarto é uma foto de

Maria Isabel que ela mal conheceu! Essa última colocação confirma que Kamila apenas sonhava ou, pior, delirava. Cansou de dizer que a mulher da "luz" vivia no quarto dela e, agora, afirmou que a tal mulher está no meu quarto! Percebeu como está totalmente sem lógica as colocações dela? Pobre Kamila! Se ela se for, jamais entenderemos os motivos de seus sonhos com tal figura, fruto da sua imaginação.

– Mas, Carlos...

– Sílvia, por favor, não comece o mesmo assunto dos seus amigos espíritas! Já estou muito cansado com tudo o que tenho passado e não tenho nenhuma disposição de ouvir comentários sobre outras religiões.

A noite transcorreu em grande luta para salvar a vida da filha de Carlos Henrique. Infelizmente, porém, Kamila partiu. Não resistiu a violência do gérmen invasor em seu corpo. Estava agora em paz, segundo o entendimento de Carlos. Havia partido para o reino do Senhor que não é deste mundo. Ele preferira ficar em lugar dela nesse mundo cheio de ódio e vazio de amor, raciocínio esse que atenuava a morte da filha em seus sentimentos. Kamila já não sofria mais. Aguardaria a ressurreição no Juízo Final onde poderiam se reencontrar. Após os cerimoniais do enterro do corpo da filha, Carlos dirigiu-se para casa.

Os filhos já adultos seguiram seus caminhos não antes de convidá-lo a morar com um deles ou com todos em sistema de rodízio para que não ficasse só. Disse que iria pensar, mas, por enquanto, continuaria morando sozinho. As saudades de Kamila e de Maria Isabel faziam morada definitiva em seu coração. Recapitulava pela memória acontecimentos com a filha e com a esposa. Ora sorria, ora chorava. De vez em quando alguns dos filhos o visitavam renovando o convite para que morasse com um deles. Repetia que ia pensar, apenas por delicadeza. Continuou na mesma casa. Dava algumas aulas, apenas para enfrentar as despesas que a aposentadoria pobre não cobria totalmente. Sentia-se mais fraco com o passar do tempo. Dez anos que Kamila se fora. Isabel, então!... Há quanto tempo! Começou a sentir um certo cansaço ao andar distâncias maiores. À noite, buscava travesseiros mais altos para dormir. As pernas, ao final do dia, apresentavam-se mais grossas, mais gordas. Estavam na realidade inchadas. Precisava procurar um médico, mas faltava-lhe coragem. Ia postergando a consulta. Tomava um chá aqui, outro ali e ia levando a vida vazia.

Numa determinada noite em que mal comera alguma coisa ao jantar, deitara-se mais cedo. Estava mais cansado do que de costume. Uma sensação estranha de peso no peito o incomodava bastante. Sílvia ligou:

– Estou ligando para ver como vai, meu amigo.

– Vou caminhando, minha amiga, caminhando...

– Não está me escondendo nada não é seu "velho"-teimoso?

– Não, amiga "implicante" – respondeu tossindo um pouco e fazendo graça.

– E essa tosse, velho amigo? Precisa ir ao médico, Carlos. Amanhã passo aí para te ver. Quero constatar com meus olhos que está tudo realmente bem com você. E a empregada está fazendo o serviço todo direitinho?

– Sem nenhuma queixa "mamãe" Sílvia.

176 | Ricardo Orestes Forni

Ambos riram desejando-se reciprocamente uma boa noite e um até amanhã, pela manhã. Carlos apagou a luz do quarto e deitou-se. O sono não vinha. O peso no peito o incomodava muito. Virou para um lado e para o outro até que adormeceu. Acordou de madrugada. O velho relógio marcava duas horas. A luz do quarto estava acesa. Quem a teria acendido? Lembrou-se de Kamila quando falava dos seus sonhos, da luz, da mulher da "luz", dos passeios e da viagem. Da grande viagem! Agora seria a vez dele de ser importunado por esses pensamentos? A canseira no peito estava melhor. Respirava melhor. Por isso não procurara ainda um médico. Não era nada. Sem tratamento já tinha melhorado – ruminava consigo mesmo em sua mente envelhecida. Levantou-se com certa dificuldade. As pernas pesavam. "Como era duro ficar idoso! Idoso e sozinho!" – balbuciou como se conversasse consigo mesmo. Dirigiu-se ao interruptor de luz. O botão não se moveu.

– Afinal, tudo naquela casa estava velho igual a ele? Tudo funcionava mal! Até um pequeno interruptor de luz?! – continuava a resmungar. A claridade o importunava, atrapalhava seu sono. Parou ao lado da cama e percorreu com os olhos semicerrados o ambiente.

"Estranho! Muito estranho!" – tornou a pensar. Observou que a luz indiscreta não vinha do alto do forro do quarto. Vinha de um dos cantos do ambiente. Esfregou os olhos e forçou a visão.

"Estava definitivamente ficando caduco! Justamente do canto de onde vinha a luz com mais intensidade duas mulheres o contemplavam sorrindo. O que podia ser aquela visão senão fruto de uma mente perturbada?! Devia ter levantado ainda dormindo como um sonâmbulo e estava vendo coisas." Fez um gesto de desdém com as mãos e dispôs-se a deitar novamente quando ouviu uma voz conhecida:

– Papai! Um dia o senhor me falou que se a viagem fosse para um lugar bonito, que eu viesse buscá-lo para irmos juntos para lá.

– Kamila!

– Sim! Eu mesma!

– Como é bom sonhar com você, minha filha!

– O senhor não está entendendo, papai! Eu vim buscá-lo para fazer uma viagem comigo para um lugar muito lindo! Como o senhor me pediu, lembra-se?

– Ah! Kamila! Como o cérebro de um velho é capaz de criar ilusões!

– Nós viemos buscá-lo para uma grande viagem!

– Nós?!

– Sim. Nós duas!

– Duas?! Quem seria a outra, minha filha?

– Olhe o senhor mesmo.

A figura de Kamila atenuou a luz que irradiava de si, enquanto a outra figura aumentava a intensidade da irradiação. Carlos firmou os olhos. Esfregou as vistas.

– Não! Não pode ser, meu Deus!

– Mas é papai!

– Maria Isabel, meu grande e único amor?! Só posso estar sonhando mesmo!

– Não, Carlos Henrique. Sou eu mesma. A misericórdia de Deus não desune aqueles que se ligam pelo verdadeiro amor! Viemos buscá-lo para a grande viagem! Para que retorne conosco à verdadeira vida!

178 | Ricardo Orestes Forni

– Mas, então, Kamila...

– Sim, Carlos. Com a permissão de Deus e o amparo dos amigos desse lado da vida, pude acompanhar os anos finais de Kamila no corpo! Ela não sonhava, meu amor! Exatamente como agora você também não sonha. Era eu, meu amor. Exatamente como somos nós nesse momento que lhe fazemos o convite para a grande viagem!

– Não era mentira?! Não era sonho?! A luz! A mulher da "luz"! Os passeios! A grande viagem! Meu Deus!

Fez menção de retornar para a cama e deitar--se novamente.

– Onde você vai, papai? – indagou sorrindo Kamila.

– Já não sei! Estou aqui em pé e, ao mesmo tempo, deitado na cama! O que está acontecendo comigo, meu Deus?! Será que enlouqueci pela velhice?!

– Ah! Meu querido! – disse carinhosamente Isabel. – Você, agora, é esse que está aqui a nossa frente em pé.

– Mas e aquele lá deitado também sou eu, não sou?!

– Aquele é o uniforme que você usou na Terra, meu amor! Vamos! Abrace-nos para que façamos juntos a grande viagem!

O teto do quarto desapareceu aos olhos de Carlos Henrique. As estrelas brilhavam ao longe no alto do firmamento. A lua! Ah! A mesma lua que contemplara as juras de amor entre ele e Maria Isabel no jardim da igreja há tantos anos atrás, lá estava ela novamente testemunhando mais esse ato de amor verdadeiro! Pareceu a ele que a lua sorria marota. Um doce perfume de um pé de dama da noite que desabrochara teimosamente no jardim da casa, inundava de perfume o ambiente salpicado de pequeninos flocos de luz.

– Isabel! Kamila! Meus dois grandes amores! Para onde vamos?!

– Para uma colheita de luz num campo semeado de bênçãos!...

Logo pela manhã seguinte, Sílvia atendeu ao telefone. Era a voz da empregada de Carlos Henrique.

– Dona Sílvia, venha rápido. O senhor Carlos parece que está morto!

– Não pode ser! Falei com ele ontem à noite e estava tudo bem!

Sílvia chegou rápido na esperança de algo poder fazer pelo amigo. Entraram no quarto. O corpo sem vida do velho amigo jazia estendido sobre o leito. Com as mãos trançadas sobre o peito, segurava uma foto. Sílvia aproximou-se, retirou cuidadosamente a fotografia detida entre as mãos já hirtas do cadáver.

– É a foto de Maria Isabel! Nunca a esqueceu! Só não sei como não encontramos uma fotografia de Kamila também. Seus dois grandes amores!

– Dona Sílvia! – disse a empregada. – Atrás da foto tem alguma coisa escrita.

Sílvia virou a fotografia de Maria Isabel. No verso estavam anotadas a lápis as seguintes palavras com letra trêmula: a mulher da "luz"! O anjo da guarda de Kamila!

– Mas como?! Por quê?! Quando?! – balbuciava atônita Sílvia com a foto nas mãos...

Existem mais coisas entre o Céu e a Terra do que sonha a nossa vã filosofia...

FIM

BIBLIOGRAFIA

FRANCO, Divaldo Pereira. Joanna de Ângelis (espírito). *Após a tempestade*. 3ª ed. Salvador, LEAL, 1985.
_____. *Elucidações psicológicas à luz do espiritismo*. 2ª ed. Salvador, LEAL, 2002.

GODOY, Paulo Alves. *O evangelho pede licença*. 2ª ed. São Paulo, FEESP, 1990.

KARDEC, Allan. *O Evangelho segundo o Espiritismo*. 34ª reimp. Capivari, Editora EME, 2015.
_____. *O Livro dos Espíritos*. 17ª reimp. Capivari, Editora EME, 2014.
_____. *Revista Espírita – Jornal de Estudos Psicológicos*. 3ª ed. 2ª reimp. Ano VI, Vol. 1863, Brasília, FEB, 2009.
_____. *Revista Espírita – Jornal de Estudos Psicológicos*. 3ª ed. 1ª reimp. Ano VIII, Vol. 1865, Brasília, FEB, 2009.

182 | Ricardo Orestes Forni

PERALVA, Martins. *Estudando a mediunidade*. 27ª ed. Rio de Janeiro, FEB, 2011.

TEIXEIRA, Raul. Camilo (espírito) *Minha família, o mundo e eu*. 1ª ed. Niterói, FRÁTER, 2011.

NOBRE, Marlene Rossi Severino (Organizadora)/XAVIER, Francisco Cândido. *Lições de sabedoria*. São Paulo, Editora FE, 1996.

PIRES, J. Herculano & Xavier, Francisco Cândido. *Astronautas do além*. 10ª ed. Editora GEEM, 2012.

VIEIRA, Waldo & XAVIER, Francisco Cândido. *Evolução em dois mundos*. 3ª ed. Rio de Janeiro, FEB, 1971.

XAVIER, Francisco Cândido. André Luiz (espírito). *Ação e reação*. 4ª ed. Rio de Janeiro, FEB, 1972.

CONHEÇA TAMBÉM

O faraó Merneftá
Vera Kryzhanovskaia • John Wilmot Rochester (espírito)
Romance mediúnico • 16x22,5 • 304 pp.

O livro *O faraó Merneftá*, personagem que representa uma das encarnações de Rochester, autor espiritual da obra, nos mostra com grande veracidade a destruição que o sentimento de ódio desencadeia na vida do espírito imortal.

Vivendo na época de Moisés, um tempo de repressão e disputa pelo poder, as paixões exacerbadas de seus protagonistas provocaram tragédias que demandariam muito tempo para serem superadas.

O Evangelho de Maria Madalena
José Lázaro Boberg
Estudo • 14x21 cm • 256 pp.

Neste livro, José Lázaro Boberg busca reconstruir a verdade sobre Maria Madalena, uma das personagens femininas mais fortes da literatura antiga e que está presente nas reflexões espíritas. O que dizem os outros evangelhos? Ela foi esposa de Jesus? Foi prostituta? Foi a verdadeira fundadora do cristianismo?

Triunfo de uma alma - recordações das existências de Yvonne do Amaral Pereira
Ricardo Orestes Forni
Biografia • 14x21 cm • 200 pp.

Yvonne do Amaral Pereira teve imensa força interior para realizar o triunfo de uma alma em sua última reencarnação. Mais do que uma homenagem, este livro é um importante alerta a todos nós viajantes na estrada evolutiva, sobre a colheita da semeadura que realizamos na posse de nosso livre-arbítrio.

CONHEÇA TAMBÉM

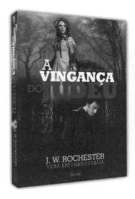

A vingança do judeu
Vera Kryzhanovskaia • J. W. Rochester (espírito)
Romance mediúnico • 16x22,5 cm • 424 pp.

O clássico romance de Rochester agora pela EME, com nova tradução, retrata em cativante história de amor e ódio, os terríveis fatos causados pelos preconceitos de raça, classe social e fortuna e mostra ao leitor a influência benéfica exercida pelo espiritismo sobre a sociedade.

Getúlio Vargas em dois mundos
Wanda A. Canutti • Eça de Queirós (espírito)
Romance mediúnico • 16x22,5 cm • 344 pp.

Getúlio Vargas realmente suicidou-se? Como foi sua recepção no mundo espiritual? Qual o conteúdo da nova carta à nação, escrita após sua desencarnação? Saiba as respostas para estas e outras perguntas, agora em uma nova edição, com nova capa, novo formato e novo projeto gráfico.

Mensagens de saúde espiritual
Wilson Garcia
Mensagens/Autoajuda • 10x14 cm • 124 pp.

Com mensagens que auxiliam na sustentação do nível vibratório elevado, este livro busca acalentar corações, levar paz e tranquilidade a qualquer pessoa, sã ou enferma, do corpo ou da alma, e fazer desabrochar a flor da solidariedade em muitos espíritos encarnados.

Não encontrando os livros da **EME** na livraria de sua preferência,
solicite o endereço de nosso distribuidor mais próximo de você através de
Fones: (19) 3491-7000 / 3491-5449
(claro) 9 9317-2800 (vivo) 9 9983-2575
E-mail: vendas@editoraeme.com.br – Site: www.editoraeme.com.br